HONG KONG

香港 旅の雑学ノート

出街／街坊／享受

山口文憲

はじめに

アメリカのロックフェラー財閥の息子が、ニューギニアかどこかの奥地へでかけていって、結局そこで食べられてしまったという話を読んだことがある。うーむ、とうなってしまった。やっぱりほんとうの金持ちはちがう。なんとキザでスノッブで洒落たことをするのだろう！　「人食い人種」に食べられてしまう――。これほど刺戟的な旅があろうか。まちがいなくそれは、彼の一生でいちばんワクワクする海外旅行の思い出になったにちがいない。

　香港旅行なんてイモだとバカにしているひとは、このロックフェラーの息子のつめのアカでも煎じて、おのれの貧困を恥じてもらいたい。アメリカやヨーロッパにあこがれているうちはまだまだ。インドやネパールあたりも、ええかっこしいだからだめ。香港みたいな、美しくもステキでもなくて、思いっきり俗っぽい街に入りびたっているのが、いまいちばんナウなのだ――と、香港で一年暮した私が力説しても、誰も相手にしてくれなかった。とくに女のひとからは、ハナもひっかけてもらえなかった。

　それで、いささかいこじになって、ニッポンの遅れた人びとを啓蒙するためにこのエッセイ風ガイドを書いた。そういう個人的うらみを背景にしているので、この本はガイドとしてはひとりよがり、エッセイとしては散漫になってしまったが、しかたがない。

年間五十万人にのぼる日本からの旅行者が香港に求める二つの楽しみ——ショッピングと中国料理の食べ歩き——の手引きとしては、この本はまったく役にたたない。あえて書かなかった、といいたいところだけれどじつは香港に一年もいながら、ツバメのスープとペキンダックを、それぞれ一度ずつ（すべてひとのおごりで）食べただけ。ショッピングにいたっては、香港商人も根負けするほど値切りに値切って、安いセイコーの腕時計を一コ買った経験しかないから、知らない世界のことは書きたくても書けない。

香港の最新ショッピング情報は、女のひと向けのグラフ雑誌がしばしば大きな特集を組む。必要なひとはそちらを切り抜いてほしい。中国料理については、邱永漢の『食は広州に在り』『象牙の箸』（いずれも中公文庫）をはじめ、うんちくをかたむけた傑作がいくつもある。どうかそちらを読んでいただきたい。しかし、そのふたつ以外のことなら、なんでも書いた。

なんでも盛り込みすぎて、全体のまとまりがない。これは、一階がレストラン、二階が教会とバー、三階が幼稚園で四階がラブホテル——という香港の雑居ビルの方式を意識的に踏襲した。この街の原理によれば、「部分の集合は全体である」のだから、「木」を見て「森」を見ていただきたい。

漢字の「読み」とルビは、すべて広東（語）音。しかし声調を無視したから、そのまま読んでも通じる気づかいはまずないと思う。「上段」と「冗談」、「官庁」と「灌腸」の要領で、いろいろ調子を変えてやってるうちに、みごと通じたらおなぐさみ。

香港　旅の雑学ノート／目次

はじめに

I 出街 *chut-gaai* GO OUT TO THE STREET

巻末

第I章/出街 *chut-gaai*
GO OUT
TO THE STREET

I 出街

■ノート

香港での正しい時間のつぶし方というものは、結局あのきちがいじみた表通りと、あのとてつもなく猥雑な裏通りを、ただフラフラと歩きまわることしかないと思う。街へ出ること——〈出街　ちゅっ・がい〉がすべてだ。

なにかこう、もっと高尚なことはないのかといわれても、なにもないから困る。イギリス人がもってきたヨーロッパ文化は、しょせん植民地用の二流品だし、百五十年しか歴史のない街に中国五千年の風格を求めるのは無理な相談だ。

香港にも美しい自然はある。中国との境界にむかってひろがる緑の野や山があるし、南シナ海には静かな小島が無数に浮かんでいる。しかし自然を見たのでは、ぜんぜん香港を見たことにならない。なぜなら自然は、中国・華南地方の自然とまったく同じ顔をしているからだ。

むしろ香港の美点は、文化からも伝統からも断ち切られ、自然とも両立しえないところにこそある。つまりあの騒々しい街だけが、人工の花ホンコンフラワーの花咲く、まじりっけなしの香港だ。

1　看板について

A　自由放任

香港の街の風景には余白がない。まるで空間恐怖にとりつかれた分裂病患者が描いた絵のように、通りの上空はすさまじい看板のジャングルで埋めつくされている。

荒れくるう原色の嵐。サイズの無秩序とバランスの無視。調和の破壊と混乱の承認。自己主張と競争原理――。香港の看板のこういう性格は、すべて香港という街そのものにもあてはまる。看板にいつわりなし。あの看板はどうしてああなのかということがわかれば、香港はどうしてああなのかということもおのずとわかってこようというものだ。

進化論

香港の看板の取りつけ方には、（いや、これは世界のどこでも同じなのだが）

いっぱんに次の三つの方法がある。

(A) 平面型——店の正面の壁面に密着させて、額ぶち式に取りつける。路上にでっぱらない。

(B) 垂直型——たて長の看板を店と直角に取りつける。すこしでっぱる。

(C) 水平型——よこ長の看板を店と直角に取りつける。ものすごくでっぱる。

香港の看板事情がきわめて特徴的なのは、この(B)と(C)のタイプが多いこと、それも(C)のタイプが全体に占める割合が異常に高いというところにある。*

遠くからよく見える度合、つまり看板のサービスエリアは、(A)(B)(C)の順番で大きくなってゆくので、ほうっておけば看板はより大きな効果を求めて、(C)の方向にむかってキリンの首のように進化する。ただし、この理屈がそのとおりにゆくのは、一本の通りにたったひとつしか看板がない場合だけ。それが、ふたつみっつどころか、二百メートルの通りに百も看板があったらどうなるか。つまり香港のようになるわけだ。**

みんな(A)でやっていたところへ、誰かが(B)をやる。するとやられた両どなりの看板は対抗せざるをえなくなって、そこでこちらも(B)——。

しかし(B)ならば、おたがいがよほどくっついていないかぎり、通りじゅうがいっせいに右へならえしても、まだ平和共存の道は残されている。また、これがほかの「常識的」な都市、パリだとか東京の場合だと、それ以上のエスカレートには、きびしい看板規制が抑止力となってはたらく。

ところが香港ではどうかというと、テキが(B)をやったら、こちらは一足とび

* これは1階にも2階にも3階にも店がたてこんで入居しているので，看板を取りつける壁面の面積が絶対的に不足しているということもある。

** いちばんすごいのは香港島の銅鑼灣と九龍の旺角の一部と尖沙咀。歩道をこえて車道へでっぱっているものだけで，100 メートルあたり100個近くある場合がある。

看板の氾濫　看板が大きいからといって，かならずしも店が大規模だとは限らない。大きな看板をこしらえるということは，日本のサラリーマンにとって土地つき１戸建てのマイホームが悲願であるように，香港の商売人の悲願なのだ。だからたとえその身は街頭の焼き栗売りであろうとも，ボーイズ・ビー・アンビシャス。手押しぐるまに自分の屋号をつける。

に(C)で報復するのだ。いったん(C)が出現したら、もう局地戦ではすまない。たちまち通りじゅうを巻きこんだ全面戦争がはじまる。戦争がようやく終息するのは、通りの上空が完全に看板で埋めつくされて、なんとか用をなしているのは通りの端と端にあるひとつずつだけ、という状態で均衡がやってきたときである。空間がなくなってしまえば、争いの原因もなくなる。そうなると、看板が古くなっても高い金をだして新調するメリットはないわけだから、ばかばかしくでかい(C)タイプのネオンサインが、通りのあちこちでさびつき消えたままになっている。いまにも落っこちてきそうで、下を歩くのがこわい。

おカミの仕事

ところが、こんなめちゃくちゃが横行しているにもかかわらず、おカミ（イギリス・香港政庁）の決めた条例が厳然としてあるのだから不思議。

それによると、看板・ネオンサインを取りつけていい通りの定義とは、まず、「政庁が取りつけてはいけないと指示した通り以外の通り」＊だという。どこでもオーケーというわけではないのだ。

取りつけていい通りは、二つのカテゴリーに分けられる。

(A)　クルマが通行する通り。

(B)　歩行者だけが通行する通り。

そして、それぞれのケースにつき、路面からの高さを最低これ以上はとるべしという基準が設けられている。

＊ 総督官邸のまえなどはダメということ。

(A)　一六フィート（四・八七メートル）以上*

(B)　九フィート（二・七四メートル）以上

看板が車道上に達しない場合、つまり歩道の上空だけの場合は、

(C)　八フィート（二・四四メートル）以上

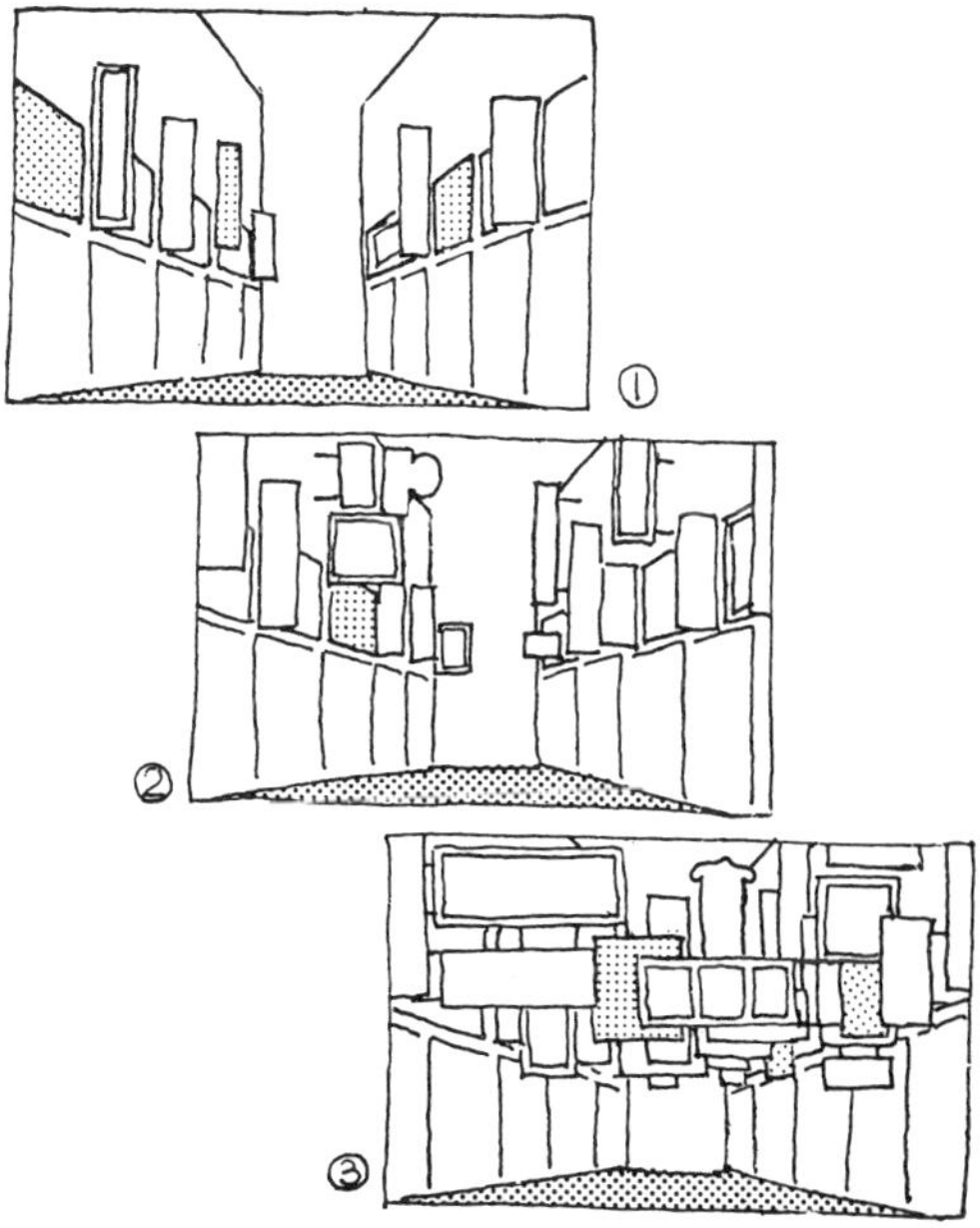

看板の生涯　①幼年期。まだ平和にやっている時期。②青年期。そろそろたてこんできた。③壮年期。もうめちゃくちゃになってしまう。飽和状態で，空間の死滅に向かう。

* (A)が特別に高いのは，二階バスが走るため。

と決っていて、この高さ基準だけは一応守られているらしい。だから、「自由放任*」の香港では看板もまたやりたい放題——などといってもらっては困る、というのが管理当局**の意見。

しかし、看板規制のいちばんのかなめである、空中へのでっぱり制限と上空への高さ制限はない。あっても死文化しているから、事実上はどんな看板を作ってもおとがめなしということになるだろう。

もっとも、看板の氾濫におカミは責任をもたなくても、そのあとしまつはおカミの仕事。持ち主がいなくなって朽ち果て、いまにも落っこちそうで危険な看板がある、と住民から通報があれば、黙々とでかけていって取りはずす。

本来の持ち主をさがしだして追及するなどということは、時間の無駄とわかっているからめったにしないのだ。いちど雲がくれした経営者がでてくるわけもないし、看板が危険になるころは、すでに入居者は四回五回と代替わりしている。

それならやっぱり事前に規制した方が能率的ではないか、という考えはまちがっている。おカミの側には強力な助っ人がいて、毎年秋口になると確実に香港を直撃する熱帯性の〈颱風〉が、いかれた看板、ダメな看板を容赦なく淘汰してくれる。だから、おカミの出番はそれほど多くはない。

颱風のとき下を歩いていた人間はどうなるか？　まあ、大ケガはまぬがれないが、そういう不用心なひとは、どっちにしても、この香港では生きのびられないひとなのだ。合掌。

* “レセ・フェール” (Laissez-faire. 仏→英語) という。イギリスの伝統的香港政策。

** 公務司署 (Public Work Depart-ment)。

B 看板の色

紅・緑・黄・藍

香港の看板には、サイズの規制もなければ取りつけ方のルールもない。だからどんな奇抜な看板をこしらえてもいいわけだが、不思議なことに色彩には禁欲的といっていいほど画一的なところがある。十人十色どころか、個性的な色をした看板というものはほとんどないのだ。

看板の色をじっさいに数えあげてみるとはっきりする。好んで使われるのはほんの三つか四つの色に集中していて、それぞれの色の調子もひじょうに均一的。色の種類と微妙な調子の点では、東京の看板の方がはるかにバラエティーに富んでいる。カラフルな印象は錯覚で、じっさいはただ配色がどぎついだけ。色彩についてはほとんど工夫がないのが香港の看板だといえる。

アイデアと工夫でひとをだしぬくことにかけては天才的な香港人が、色彩感覚では突然画一主義者になってしまうのはなぜか。このナゾをとく鍵は、中国の色彩文化のなかにある。コレコレの色がなぜ好ましく、コレコレの色がなぜ好ましくないかということについて、中国文化はいちいちちゃんとした解答を用意しているのだ。

だからあの看板の色は、色彩学的な効果で決められるというよりも、むしろ伝統的な色のルールにのっとって決められるといった方がいい。つまり、看板の色そのものがひとつのメッセージとなるように、きちんと約束ごとをふまえた色の選び方をしている。この点が香港の看板文化の、もっともユニークなところなのだ。

好んでもちいられる色は、

紅〈ほん〉（あか）

緑〈ろっ〉（みどり）

黄〈うぉん〉（き）

藍〈らーむ〉（あお）

の四色だが、なかでもひんぱんに街で目にするのは、紅、黄、緑の三つ。看板にこれらの色を選ぶについては、次のような「色の約束ごと」をふまえる。

紅――慶事、好運、美、勝利を表わす、エンギのいい色。

黄――富貴、財力、黄金を表わす、景気のいい色。

緑――〈福禄寿〉の〈禄〉に通じるおめでたい色。*

藍については、まえの三つほどはっきりとしたいわれはないが、酒樓の看板にときどきこの色をしたものがある。どうやらそのルーツは、

千里鶯鳴いて、緑、紅に映ず

水村山郭酒旗の風

と、古詩にもうたわれた〈酒旗〉にありそうだ。中国では古来、居酒屋の目じるしに酒旗を掲げた。この「飲み屋」の看板の色が藍だったといわれる。

* ただし〈戴緑帽〉――「緑の帽子をかぶる」というと，これは亭主が女房を寝とられることをさす。米軍のグリーンベレーが香港を行進したら，みんなゲラゲラ笑うにちがいない。

ところで、このぱっと派手な四色を看板に使うのはなにも香港に限ったことではないのだが、問題はその組み合わせ方。どの色とどの色をどう配色するか。そこに歴然とした香港流のやり方がある。

そこでじっさいに多数の看板にあたって調べた四色の組み合わせの傾向を、「リーグ戦」風の図表にすると、こんなぐあいになる。

看板の文字の色 →

↓ 看板の地の色

	紅	緑	黄	藍
紅	＼	○	◎	△
緑	◎	＼	△	×
黄	○	△	＼	×
藍	△	×	△	

◎ ------ とてもよくある

○ ------ よくある

△ ------ ある

× ------ ない

このうち、特色があるのは紅と緑だろう。この二色の対比的な用い方には、ほかのどこにもない香港らしさがある。ただ紅や黄や緑や藍でどぎつく看板が塗りたくってあるだけなら、これは新宿もラスベガスも似たようなもの。要は紅と緑の使い方で、そこが香港らしい（つまり「中国的」な）街の色彩感覚になるかならないかの分れ目なのだ。

この緑と紅については王安石の有名な詩の一節に、

〈万緑叢中一点紅〉（あおあおとした葉のなかにただひとつ咲く紅い花）

とある。中国人の紅と緑への偏愛は、どうやらきのうきょう始まったことではないらしい。そこでいう〈一点紅〉とはむろん女、それも美しい女のこと。また「あおい葉っぱ」というのは男どものことで、緑のなかでこそ紅は引き立ち、紅と寄りそってこそ緑は映える。つまり紅と緑はセットでなければならない、と中国人はむかしから信じているのである。

そういう例を、看板以外の香港の街の色彩のなかからひろいあげてみると、たとえば――運送屋のトラックが紅と緑のツートンカラー。百元《ドル》札が紅で十元《ドル》札が緑。二種類ある公共小型巴士《ミニバス》のボデーのラインが紅と緑。交通信号のことは〈紅緑燈〉といい、麻雀の牌に〈紅中〉と〈緑發〉がある。

ついでに紅に属するものをあげれば、九龍巴士《バス》の車体の下半分が紅で、タクシーも下半分は紅。ハイヤーはたいてい紅いボデーで、消防車が紅一色なら郵便ポスト*まで香港では紅。

緑に属するものは、香港島の二階電車。九廣鐵路の機関車と車輛、スターフェリーの船腹、およびアパートのドア――と、あげればいくらでもでてくる。

* ところが，中国本土では郵便ポストの色は緑。

色の形而上学

中国古来の陰陽五行説によれば、東西南北にそれぞれふりあてられる色は、東が「あお」、西が「しろ」、南が「あか」、北が「くろ」。それに中央というのがあって、これは「き」だった。東西南北を表わす動物は、東が〈青龍〉、西が〈白虎〉、南が〈朱雀〉、北が〈玄武〉で、このリュウとトラとスズメとカメ(とヘビのコンビ)も、それぞれの方角の色をもっている。

また、東西南北ではなくて、春夏秋冬の四季に色をあてたいい方もある。

〈青春　朱夏　白秋　玄冬〉

あおい春、あかい夏、しろい秋、そしてくろい冬。この四つの色をした人生の季節をひとは生き、死んでゆくというわけだ。こういう色の形而上学を作りあげたのが中国文化で、その流れをくむのが香港の看板なのだから、どぎつさに眉をひそめたりしてはバチがあたる。

なお、この看板に使われる四色が京劇の役者*のくまどりの色として使われた場合、おのおのの色とキャラクターの関係は、

紅——正義漢
黄——腹黒い人物
緑——妖怪変化
藍——凶悪な人物

という約束ごとになっている。

* 香港でするのは〈粤(広東)劇〉。役者のくまどりも多少ちがう。

C　解釈と鑑賞

日本人は漢字がわかる。しかし、漢字はわかっても中国語がわからない。だから漢字を勝手に解釈して、看板をクイズとして読むという楽しみがある。また、たとえ多少中国語の心得があったとしても、香港で話されているのは広東語*。看板にも広東語特有の表現がいくつかあって、たとえば、

酒店〈ちゃう・てぃむ〉――ホテル

酒樓〈ちゃう・らぅ〉――レストラン（中国料理）

と、いささか勝手がちがうはずだ**。

日本語の漢字の知識があれば、医者の看板を見て、〈中医〉が漢方医、〈西医〉が西洋医学の医者で、〈牙科〉とあるのは歯科医だろうというぐらいは、すぐにわかる。〈舞廳〉はダンスホール、〈夜總會〉はナイトクラブと、このへんも簡単だ。ところが、これが商品名やなにかで、

雷達石英錶――RADOクォーツ腕時計

なんていうのになると、ちょいと考えこんでしまう。このての看板を理解するには、中国語の知識というより「香港語」の知識が必要になってくる。

熱狗とヤクルト

香港の看板の中国語の特徴は、やたらと外国語・新語が多いことだ。同じ中

* 〈廣東話　くゎん・とぅん・わ〉 Cantonese ――有力な地方語のひとつで，英語とともに香港の公用語。使用人口は，本土の廣東省と香港・澳門（マカオ）で約５千万人。ほかに東南アジア，欧米の華僑・華人の大部分も使用。〈國語　こっ・ゆぅ〉（北京語・普通話）Mandarin ――とは相互に不通。同じ中国語とはいえ，スペイン語とイタリア語ぐらいちがう。

** 北京語では〈飯店〉がホテル，〈酒店〉がレストラン。

国人でも本土からいきなりやってきたひとなどには、さっぱりチンプンカンプン。看板の外国語・新語は、ほとんど英語からきたことばで、それを漢字におきかえるについてはふたつの方法がある。

(A)　意訳（原語と同じ意味の中国語をあてる）

(B)　音訳（原語の音に近い中国語の音をあてる）

もともと中国語はひどく排外主義的なことばなので、どんな外国語についてもまず(A)を試みる傾向があるが、

購物中心——ショッピングセンター

超級市場——スーパーマーケット

などはそのいい例だ。

暇日酒店——ホリデー・イン・ホテル

の場合は、固有名詞さえ意訳してしまっている。もっと過激な意訳になると、映画館の売店などでよく見かける看板に、

熱狗——ホット・ドッグ

というのがある。ホット・ドッグを〈いー・がう〉と強引にホンヤクしたのは、おそらく中国語だけだろう。

どうしても意訳がうまくいかないときは、音訳をするが、その場合も次のような段階をふむ。

(A)　原音に近い音の字をただ機械的にひろってあてる。

(B)　音の近い字から、縁起のいい字やおめでたい字を選んであてる。

(C)　近い音であって、かつそのものをうまく表現する字をあてる。

むろん(A)よりは(B)、(B)よりは(C)の方がのぞましい。つまり音訳でありながら意訳でもあるような中国語化をよしとしている。

的士夠〈てっ・しい・こ〉――ディスコ

などは(A)の音訳で、字に特別な意味はない。(B)のケースにあたるのは、

萬寶路〈まん・ぽう・ろ〉――マールボロ

喜來登〈へい・ろい・とん〉――シェラトン（ホテル）

喜利〈へい・れい〉――ハイライト

などで、それぞれ縁起のいい字があてられている。

理想的な音訳の(C)段階に達しているものとしては、よくコカコーラ〈可口可楽〉がひきあいに出されるが、日本製品にもよくできたのがある。

益力多〈いっ・りっ・とう〉――ヤクルト

萬能達〈まん・なん・たっ〉――ミノルタ

もっとうまくつじつまのあう音訳になっているのは、ブランデーの〈人頭馬〉ことレミー・マタンだろう。レミー・マタンのマークは「半人半馬」のギリシャ神だから、文字通りの〈人頭馬〉で、発音は〈れん・とう・まぁ〉*。一部ひっくりかえってはいるものの、「レミー・マタン」の各音節をきちんとふんでいる。

　れっきとした外国語にもかかわらず、例外として意訳も音訳もされないのは、日本語の漢字の看板。日本語の表記ではすでに漢字を使っていない場合でも、

* この発音は北京語読み。広東語では＜やん・たう・まぁ＞で，あんまりよくない……。

豊田〈ふぅん・てぃん〉――トヨタとやっている。たまたま音訳になっていて、中国語としても通りがいいのは、三洋〈さむ・よん〉――サンヨーぐらいで、あとは、東芝〈とぅん・ちい〉、日立〈やっ・らっ〉など、いずれも意味不明のまま読まれている。

日本人用看板　観光客かんけいのお土産かんけいの店。「面白い本・雑誌・カラフイルムいろいろお安くなっています」とこの手の看板はぜんぶ日本語。

印度神油　こちらは香港人（の男）用。ひと塗りでインド人なみ（？）の持続力。ふた塗りでインド象なみ(!!)になるという魔法の油。場末のビルの壁の名物看板。

D　ネオンサイン

香港のネオンサインは、またたかない。またたかせてはいけないのだ。七色に変化する東京のネオンサインを見慣れた者の目には、なんだかうらさびしい印象だが、これはしかたがない。それどころか、ネオンサインを明滅させることは、香港では一個の重大犯罪とみなされかねない。看板の規制にはほとんどやる気のない政庁が、ただひとつ本気で取り締まっているのがこのネオンサインの明滅で、これにはじっさいに香港人のいのちがかかっている。

禁止の理由は三つあって、

(1)　ピカピカすると航空路に危険

(2)　チカチカすると路上交通に危険

(3)　チラチラすると水上交通に危険

だからというのだが、むろん禁止の最大の眼目は(1)にある。

もしあれだけのネオンサインが勝手に明滅したら、夜間山側から超低空で啓徳空港に進入するジャンボ機は、確実に九龍の人口密集地のどまんなかに突っこんでしまう。なにしろ、ふつうなら滑走路の延長上にある無人の野原に設置される明滅式の着陸誘導灯が、香港では街のまんなかのビルの屋上に取りつけてある。つまり進入機は、下界のネオンの海のなかからチカチカする誘導灯の列をさがしだし、それをたどって滑走路の端にたどりつくわけで、これはおっかない。明滅御法度は当然だろう。

明滅させることができないとなると、ネオンサインの工夫は単純に大きさにむかうしかない。そしてこれがまたおあつらえ向きに、港をはさんで見通しのきく香港の地形は、大型ネオンサインにぴったりなのだ。かくして香港島中環から銅鑼灣にかけての港に面した大通りは、大型ネオンサインのラッシュになった。

ネオンサインの規模は、その使用されているトランスの数で表わされる。一個のトランスの容量は一・五キロワット、対岸から見せるほどの大きさのものになればそれを五十個から六十個も使っている。当然電気代も相当なもので、ひと晩八時間点灯すると、ざっとひと月で三千元ほどかかることになる。ひとつでこれだから、「百万ドルの夜景」もまんざらウソではないわけだ。

ネオンサインの色を決定しているのは、チューブに封入されたガスの種類だが、ネオンを封入すれば赤、アルゴンを封入すれば青色に発光する。現在使われているのは十色ほどで、色によって製作の費用は異なるが、金色を使うと何倍もコストがかさむ。したがって、バックに金色をふんだんに使ったネオンサインは、ふんだんに金のかかったものだと見ていいわけだ。大型ネオンサインの耐用年数は、香港の場合、製作後約二十年といわれている。

港に向かって煌々と輝いている大型ネオンサインの光もとどかない裏通りで、ぼんやりと赤く点いているネオンサインがある。こういうのには、ネオンサインというより〈霓虹燈　がい・ほん・たん〉という広東語がふさわしい。

港内を航行する船に広告をとりつけることは禁止。ただし、商品名でなく社名ならO.K.。CANONをつけた観光船はある。

日本企業のネオンだらけのビクトリア港で、いちばん奇妙なのがコレ。むろん香港人にはなんのことやらわからない。まさか、日本の観光客を笑いころげさせるためにつくったわけでもないだろうけど……。

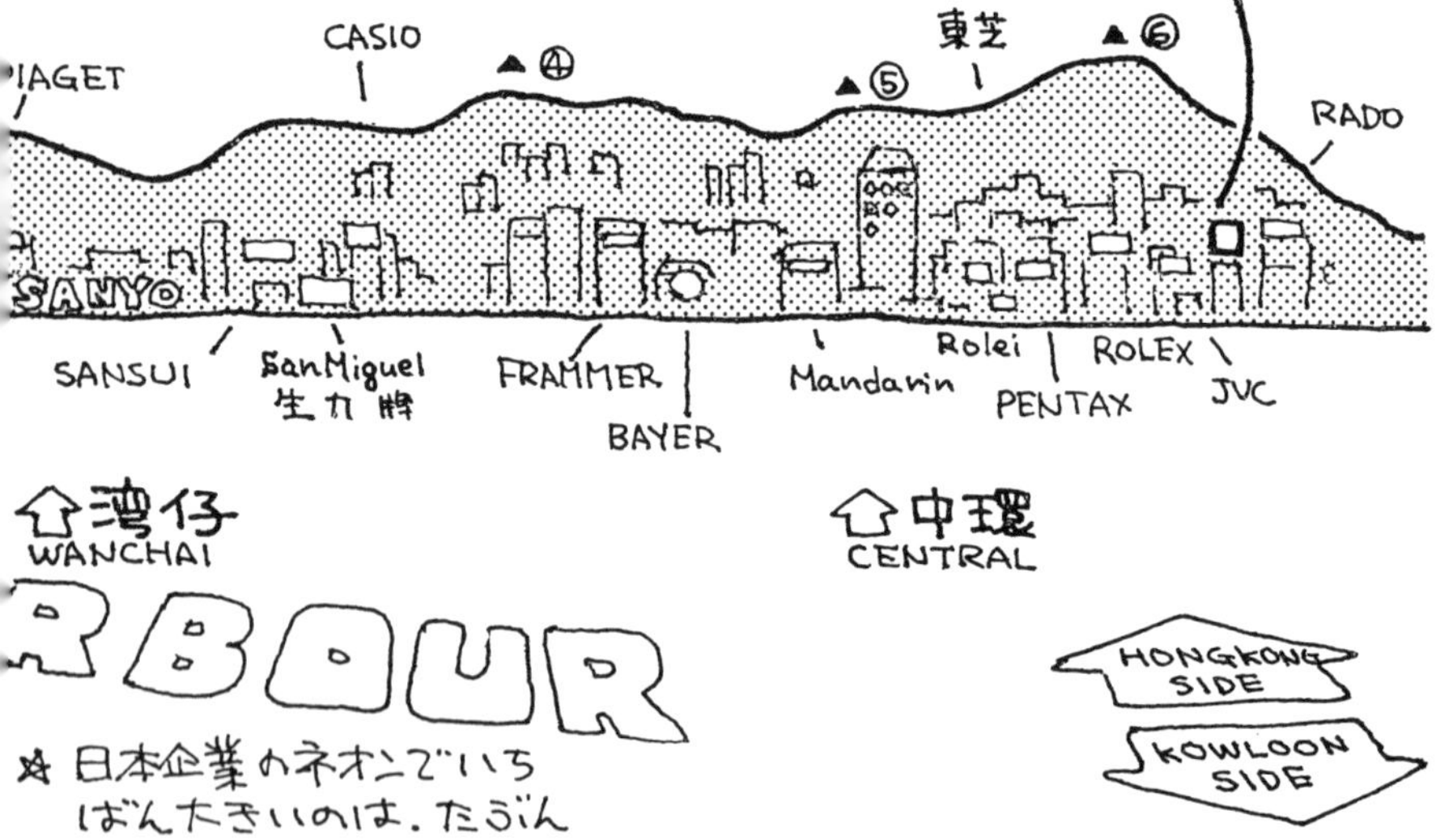

☆日本企業のネオンでいちばん大きいのは、たぶんSANYO。対岸・九龍の彌敦道の延長線上にあって、最上の位置。

☆湾仔のSan Miguel（生力牌）ビールは、外国勢に互してがんばっている地元代表。

☆香港島の山☆

① 柏架山 531m
Mt. PARKER

② 聶高信山 430m
Mt. NICHOLSON

③ 金馬倫山 439m
Mt. CAMERON

④ 歌武山 479m
Mt. COUGH

⑤ 奇力山 500m
Mt. KELETT

⑥ 扯旗山 554m
VICTORIA PEAK

ビクトリア港 ネオンサイン パノラマ

尖沙咀から
香港島をながめる。

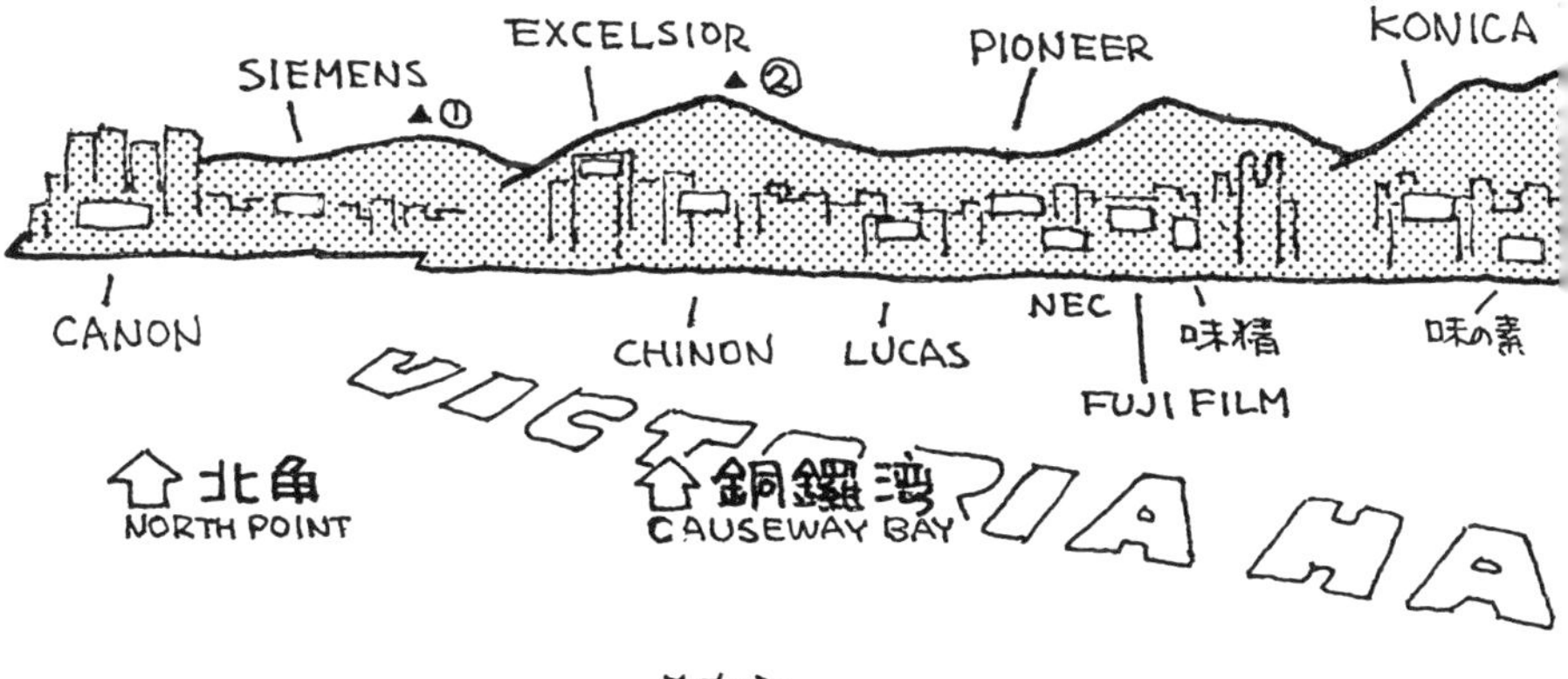

☆みなとの水面から
いちばん高いところに
あるのは、銅鑼湾
の EXCELCIOR ホテル
の ネオン。

☆九龍側には
たいしたのは
ない。

☆ネオンを消す場合は―
① 台風来襲。
② 石油ショックなどによ
省エネ運動中。

中国看板小史

看板には表現の方法によってふたつの型式がある。ひとつは文字で表わす方法、もうひとつは絵やシンボルを使って伝達する方法で、日本では前者を「字看板」、後者を「絵看板」などともいう。

中国ではこのふたつを区別して、〈招牌〉と〈望子〉と呼んだ。招牌は完全な字看板だが、望子は絵看板というよりシンボル看板で、ちょうど日本でそろばん屋が特大のそろばんを店頭にぶらさげておく、あのやり方に相当する。招牌は字の読めるお客を「招」き、望子の方は、文盲の客が遠くから「望」んですぐわかるようになっていたわけだ。

望子が発達したのはおもに揚子江から北の地方で、反対に招牌はおもに中国の南でひろくおこなわれた。つまり、どちらかといえば文化程度の高かった南の地方では、それだけ字を読めるひとも多く、招牌は有効だったが、北ではさっぱりダメ。ひと目でわかる望子を工夫しなければ、せっかくのお客が知らずに店の前を通りすぎていってしまった。

戦前の中国東北、満州の写真を調べると、しばしば商店の店頭に望子がぶらさがっているのが見られる。一方、同じ時代の香港の街の風景には招牌しか写っていないところをみると、この北の望子、南の招牌という分布は最近まではっきり残っていたようだ。香港では、望子も招牌もひっくるめて、看板のことをいっぱんに広東語で〈招牌　ちう・ぱい〉といっている。

もっとも、北の地方の名誉のためにいっておくと、はるか昔にさかのぼれば、こういう望子と招牌の固定的な分布はなかったのだともいわれる。望子が北で発達したのは、十二世紀に満州の女真族が北宋を攻め、ついで蒙古が南宋を倒して、中国の北が異民族の支配におちて以来のこと。征服者は漢字が読めなかったから招牌は役に立たなかったのだ。これだと漢人と満州人、朝鮮人、蒙古人、日本人が雑居していた旧満州に望子があったことも説明がつく。

望子を掲げていたのは、たばこ屋、薬屋、両替屋などをはじめ、日常生活に密接した品物をあつかう店で、酒家にひるがえる酒旗などもこの望子にふくまれる。酒家の目じるしには、酒旗のほかにたとえば「ほうき」なども用いられたらしく、酒の異名を「掃愁帚」(うれいをはくほうき)といったところから、「ほうき」をシンボルにしたのだ。なかなか気がきいている。

酒旗が中国の空になびいていたのは十八世紀ごろまでで、その後あとを断ってしまった。日本の酒家の望子、おでん屋の赤ちょうちんは、まだ健在のようだけれども——。

質屋の看板　分銅をかたどったまるい看板に「押」の字。香港で見られる望子の系統をもっともよくひいた看板。

E　花牌

日本の花輪はパチンコ屋のない香港では、酒楼の入口の上や新装開店の店頭にズラッとならんでひと目をひく〈花牌　ふぁー・ぱい〉——。紅いといえばもうこれ以上紅くはできないというほどに、徹底してまっかっか。派手だといえばもうこれ以上派手にはできないというほど、徹底して派手なデコレーション。この中国伝統の過激なデザインのまえには、けばけばしいことでは世界一の香港の看板やネオンサインも、たちまち色あせてしまう。

花牌がたったひとつポンとでているということはめったにない。数百人の宴会が同時に三つも開けるような大酒楼の前に、これまたきわめつけに豪華なのが二段、三段になって十個ばかり。それを夜は専用のライトが煌々と照らしだす。これくらいの格式になるともう仕かけ花火を見るようで、日本のパチンコ屋の前にあるビニールをかけたみすぼらしい花輪などとはとても比較にならない。

サイズは、ふつう日本の花輪よりふたまわりくらいは大きく、かならずしも円型とは限らない。材料は、竹と木の骨組みに紙。と、ここまでは花輪と同じだが、紅い布きれがやたらひらひらとしているところがちがう。花輪のように「紅白」*が基調ではなく、「紅」一点張りだから、そのぶんだけ印象はどぎつ

＊「紅白」が祝儀，「黒白」が不祝儀という日本のきまりは，中国人の色彩観と同じではない。こちらは「紅」が祝儀，「白」が不祝儀で，「黒」は特別なイミをもたない。だから「白むくの花嫁衣裳」は，中国人の目にはひどく縁起でもないものに映ってしまう。

くなる。

花牌のまんなかには、ひときわ目をひく肉太の飾り文字がレイアウトしてある（という説明はアベコベ。文字＝牌のまわりを花で飾ってあるから花牌）。これがその花牌の趣旨、つまりメッセージで、ふつう四文字ときまっている。

花牌　酒樓のまえにドンと並ぶ。だいたい1週間から10日まえくらいから並べておく。

〈陳黄聯婚〉*

とあれば、これは陳家の息子と黄家の娘の結婚。その披露宴をこの酒楼でやるぞ、と世間さまに誇らしくアイサツしているわけだ。数からいえば、街にでている花牌の七、八割までが婚礼用で、文字もこの「〇×聯婚」がもっともポピュラー。同じ婚礼の花牌でも、

〈黄府干歸〉

とある場合には、これは黄家の娘がお嫁にゆきます、という趣旨で、新婦側の一族郎党が集ってドンチャンさわぎをする。〈聯婚〉とちがって、こちらはどちらかの家の単独主催。といっても、両家が仲たがいしているわけではなく、派手に婚礼をしたいがためなのだ。両家の関係者を一堂に集めてしまったら一回しか飲み食いできないけれども、まず新郎の家が主催してワッとやり、次は新婦側の主催でワッとやれば、つごう二回。近い親戚は両方に顔をだすことができるし、両家が張りあって存分に金のつかいくらべもできようというものだ。

つまり花牌というものは、「×家」では近ぢかパッと派手にやりますよという、中国人社会のアナウンスメントであり、お祝いごと専用の街のメディアの機能をはたしている。その点では日本の花輪の社会的機能と同じなのだが、表現のしかたがちがう。

花牌の表現は、いわば「直接話法」だが、花輪の方は「間接話法」。おめでたいということをいう主体が、一人称的であるか三人称的であるか、という根本的ちがいがある。たとえば、

* 姓の種類がひじょうに少ない中国人社会では〈陳陳聯婚〉とか〈王王聯婚〉のケースは，大いにありうるけれども，同姓不婚の古いしきたりをおもんぱかって，花牌に堂々とうたうことはまれ。〈毛〉さんと〈錢〉さんが結婚して〈毛錢聯婚〉なんていう冗談がある。「毛」は広東語で「冇（もー）＝無」と同音だから，即チ花牌ニ曰ク「錢，無クシテ聯婚ス」ト。

「祝開店　長井商店さん江　山口よ利」

　とやるのが日本式で、おめでたの当人がはしゃいだりはしない。そこでまわりが花輪を並べてやり、当人は照れながらそれを受けいれるというもってまわったたてまえをとる。

　こういういじましい日本的偽善に比べると、花牌はいたって罪がないといえる。〈王府〉だの〈陳府〉だのと、陳腐をものともせず家名を特筆大書してしまうから、かえってあっけらかんとしていてすがすがしい。どうせなら、やるときは派手にやった方がいいにきまっている。酒楼の前にでっかい花牌をバーンとだして、

〈陳府宴客〉

　どうだ、陳家の招待ディナーだぞ。くやしかったらオマエの一家もやってみろ。できないだろう？　やい貧乏人！——これなら正々堂々としている。

竹棚

　建築中の建物や看板の塗りかえの現場に組んである竹の足場あるいは〈花牌〉の竹の骨組み、あれを〈竹棚　ちゅっ・ぱん〉という。日本ならば杉の丸太と荒縄を使って組むところだが、香港のはすべて竹だけでできているところがミソだ。

　格子に組んだ竹ざおと竹ざおを、これも竹の表皮を細くさいて作ったつるでしばりつけ、荒縄も針金も使わない。竹の表皮のつるは幅わずか五ミリほどで、強

く曲げればたやすくポキリと折れてしまう。それをぐるぐると巻きつけただけであれだけ大がかりな構造物をもたせるには、相当のノウハウがあるにちがいない。杉の丸太にくらべて竹は強度が低いので、格子の間隔は当然ずっとせまく密にしなければならない。だから足場を組むというより、巨大な竹かごを編んで、建物全体をすっぽり覆ってしまうようなかっこうになる。そこがじつに壮観で、アジアの竹の文化と技術が、小さな工芸品や細工物の領域だけでなく、こういうスケールで生きつづけているところがすばらしいと思う。

この無形文化財の竹棚を建てる職人が〈搭棚佬〉。日本の鳶職と同じようにスペシャリストだから、いい手間賃を稼ぐ。毎年、クリスマス・新年が近づくと、中環の銀行の壁面には大きなイルミネーションがかざりつけられるが、この時期が搭棚佬のかき入れどき。イルミネーションの骨組みをつくるのはすべて搭棚佬の仕事で、香港上海（豐滙）銀行や中国銀行の正面に高さ数十メートルもある竹棚ができてゆくのは、ちょっとした見ものである。冷戦時代に、鉄のカーテンをもじって、中国の竹のカーテンということばを創造したひとは、きっと香港にいたチャイナ・ウォッチャーかなにかで、案外この竹棚の印象からヒントをえたのかもしれない。

この竹棚を建てる様子をながめていると、中国人が考えている「構造」とか「組織」というもののイメージは、日本人とはずいぶんちがうんじゃないかという気がする。竹棚が基本的には「竹かご」であるのに対して、われわれの杉丸太で組んだ足場は「やぐら」だから、同じ構造物でもふたつは性質がまったくちがう。つまり「柔」と「剛」。ちからの平均的分散と一点への集中。

この発想のちがいが、ようするに毛沢東の人民戦争論と日本の神風特攻隊のちがいとなってあらわれた。ウム、そうだ。この日中比較文化論上の発見を、そのうちだれかに話してやろう、などと仕事中の竹棚の下で悦にいっていると、上空から一本の竹ヤリがまっすぐに落下してきて、せっかくの大発見が生まれたばかりの脳ミソから胴体を串ざしにしてしまうことがある。竹棚の下を歩くときは、くれぐれも用心にこしたことはない。

↑結合　細くさいた竹の表皮を，表皮をおもてがわにして，くるくると巻きつける。

←竹棚　〈搭棚佬〉の仕事はとてもはやい。見ているまにできあがってゆく。これはネオンサインの修理。

F　紋章と旗

ライオンVSドラゴン

材料は、香港島一個に西洋風の楯一枚。ライオンが大小二頭、ドラゴン大一匹。それに真珠ひと粒、つけあわせに海水少々。——これだけをきれいに盛りつけると、まずそうなイギリス料理、植民地香港の紋章*ができあがる。

いいたいことは一目瞭然でわかるが、公式の解釈というのがあるようだから、いちおうきいておこう。

(a)　王冠をいただいて真珠を保持するロイヤル・ライオン（小）の真珠は、小さくても価値のある香港の性格を示し、あわせて香港の枕詞「東洋の《オリエンタル・》真珠《パール》」をふまえる。

(b)　楯をささえるロイヤル・ライオン（大）とドラゴンは、植民地のふたつの位相、イギリスと中国を表わす。

(c)　楯の絵柄のいちばんうえ、「海軍冠《ナーヴァル・クラウン》」は、植民地と海軍および商船艦隊との関連を象徴し、つづく銃眼のある胸壁は、香港における一八四一年の戦役**を表わす。二隻のジャンクは、植民地をとりまく海とそこでおこなわれる東方貿易を示している。

ああ、なんというズレたセンス（！）。臆面もない古典的植民地主義まるだ

* Armorial Bearings という。

** アヘン戦争（第1次）をさす。

しのこんな紋章が、いまでも政庁の出版物のとびらなどにはれいれいしく刷りこんである。

　しかもこの図柄、公式説明はともかく、ふつうにながめればどうしても次のようなシーンに見えてしまう。

　大ライオンをイギリスだとすると、このすばしこそうな小ライオンは香港総督で、たったいまドラゴンの口中からかすめとった珠をうやうやしくささげて得意満面。してやったりと大小ライオンは舌ベロを出し、一方、動転した中国ドラゴン*は、のけぞってアワワ、アワワ――。

　紋章というよりも上出来のひとコマ漫画。登場する二頭と一匹の頭のうえに「吹き出し」をつけて、それぞれひとことずつセリフをいわせたいくらいだ。

ところでこの十九世紀的大アナクロニズムの紋章が制定されたのは、なんと

1959年制定

1869年制定

* このドラゴンの復讐物語が「燃えよドラゴン」。ちなみにブルース・リーは中国名・李小龍――小ドラゴン。

戦後も一九五九年のこと。古きよき植民地への限りなき追憶か、それとも先がないとみたジョンブルの、やけっぱちの居直りだったのか——。人民中国の包囲のなかで小さくなっていた時代に、こういうあからさまなものを制定した度胸はほめられていい。

それ以前に使われていた紋章は、一八六九年の制定から、およそ百年間使われたが、制定当時からすでに評判が悪かった。* ひどいというのは表現内容ではなくて、もっぱらそのデザイン。

「ハーバー・ピクチュア」と呼ばれるこの絵柄じたいは現在のものより牧歌的で悪くはないのだが、そのデッサンがまるで子供がかいたようにマズい。はからずも、イギリス人の絵かきと音楽家にろくなのはいないという通説を、証明する結果になっている。

このいわくつきの紋章は現在でも皇家香港警察のマークに残っているから、勇気のあるひとは正面から警官ににじり寄って、背のびをして帽章を見せてもらうといい。

香港の旗

この紋章とセットになった香港の旗——植民地の空にはためく「香港の証明」には、次の三つがある。

(1) 英国旗 (Union Flag)

ご存じユニオンジャック。げんみつには英国政府直轄の土地と財産のうえに

* しかし，ロンドンで決めたことなので，現地はただブツブツ不平をいっているしかなかった。たとえば，
「かくも念入りにして醜悪なる絵柄よ！」
——セシル・クレメンティ（17代総督）評。
「特別に不愉快極まるというほど奇態だとは思えぬが……」
——マーク・ヤング（21代総督）評。

だけ掲揚される。

(2)　総督旗（Governor's Flag）*

英国旗の中央を円く白地にぬき、緑色の環をあしらった香港の紋章をつける。政庁の公館および総督官邸、総督の乗用車または乗船中の船舶に掲げられることになっているが、いまではめったに見かけない。

(3)　植民地旗（Colony Flag）

英連邦諸国に共通な国旗のデザインで、ブルー地の左肩に小型のユニオンジャックがあり、中央の円い白地に香港の紋章。もっともポピュラーな旗で、香港船籍の船は船尾にこの旗を掲げなければならない。街でも、大會堂《シティホール》の前とかセントラルの銅像廣場など、公共の場所には英国旗とならんで**この旗がひらめ

Colony Flag

* 正式な呼び名はなくて，通称 Governor Flag. Colony Flag も同じ。

** かならず英国旗とセットで掲揚する規則。単独でもいいのは，国際会議など対外的な催しの場合に限る。

いている。

以上は、おカミが、おカミの手で、おカミの持物に掲げる旗。* いくらエリザベス女王の誕生日でお休みでも、ふつうの家が日の丸みたいに玄関先にだすなんてことはぜったいにない。一方、これとは反対に、住民が勝手に掲げるおカミのあずかり知らない「香港の旗」があって、次の二種がそれ。

(1) 五星紅旗**

この街の本来の持ち主、いわば「家主」の旗。香港島中環《セントラル》の中国銀行の屋上にへんぽんとひるがえるのがとくに有名。いつもはそれほど目につかないが、メーデーとか十月一日の国慶節には、街じゅうの國貨公司（中国系デパート）をはじめ、中国系団体の建物にこの中華人民共和国の国旗が掲げられる。たとえ左派でもふつうの家が掲げることは、やはりひじょうにまれ。

(2) 青天白日旗***

こちらは十月十日の双十節前後に、わっとでてくる。(1)がおもに街の中心部のいい場所にでるのに対して、おもに周辺部の、土地がらのよろしくない、個人の家に掲げられる。もっと端的にいうと、もっぱら低所得者団地や崖っぷちに建てた違法バラック群の窓や屋根の上に、運動会のデコレーションよろしく大量の小旗がまとまって、なぜか組織的に出現する。数では、香港のあらゆる旗のうちで文句なくトップ。

見よ！「共産匪の魔手」をのがれてきた「難民」はみんな青天白日旗だぞ――というプロパガンダで、「あれは旗一本いくらで、駄賃が出ているのサ」

* 植民地旗は，売ってはいけないことになっている。

** 大きな星は中国共産党，あとの4つは労働者，農民，小ブルジョア，民族ブルジョアの各階級を表わす。1949年制定。

*** 正式には〈青天白日満地紅旗〉。旧中華民国（1912〜1949）の国旗。初期のころは〈五色旗〉を使っていた。

という説もある。そういえば、旅行者の目にふれやすい香港島の山の斜面のバラック群*などには、竹でできた専用の高い旗ざおが何本もあって、こちらには大きな旗が四六時中でている。あれは年間契約なのかもしれない。

カンフー道場の旗　大きな三角形の旗が汚いビルの3階の窓あたりに掲げられていれば，そこが体育會。未来のブルース・リーたちが，この空中道場で日夜ヒェーッ，キェーッ。ドラやタイコを打ちならして，騒々しい修業をしている。ときどき集団でトラックの荷台に乗って，街を練り歩く。

* たとえば虎豹別墅（タイガーバウム・ガーデン）の東側の斜面。

2　界限街

A　女王陛下の土地

イギリス人がこの島に目をつけ、持ち主をおどかして占領してしまうまえから、島とその周辺にはわずかだがひとが住んでいた。香港島の裏手、水上レストランがある香港仔《ひよんこんつぁい》は当時から漁村だったし、九龍では漢墓も発掘されている。考えようによっては、イギリスなんかなかった時代から香港はあったのだ。

しかし、この島が〈HONG KONG〉になり、世界地図にその名がのるようになったのは、イギリス人がやってきてからのこと。香港島の西營盤《さいいんぷーん》地区に、ポゼッション・ポイント（中国名・大笪地）という地名が残っている。Possession（占領）Point（地点）——これがおそらく「香港」としては最古の地名のはずだ。

一八四一年、周辺の島や入江を物色していたイギリス軍は、そこにまたとない天然の良港を「発見」して、武装した一隊がはじめて島へ上陸した。たしか香港主要部と東京山手線のサイズを比較すれば——

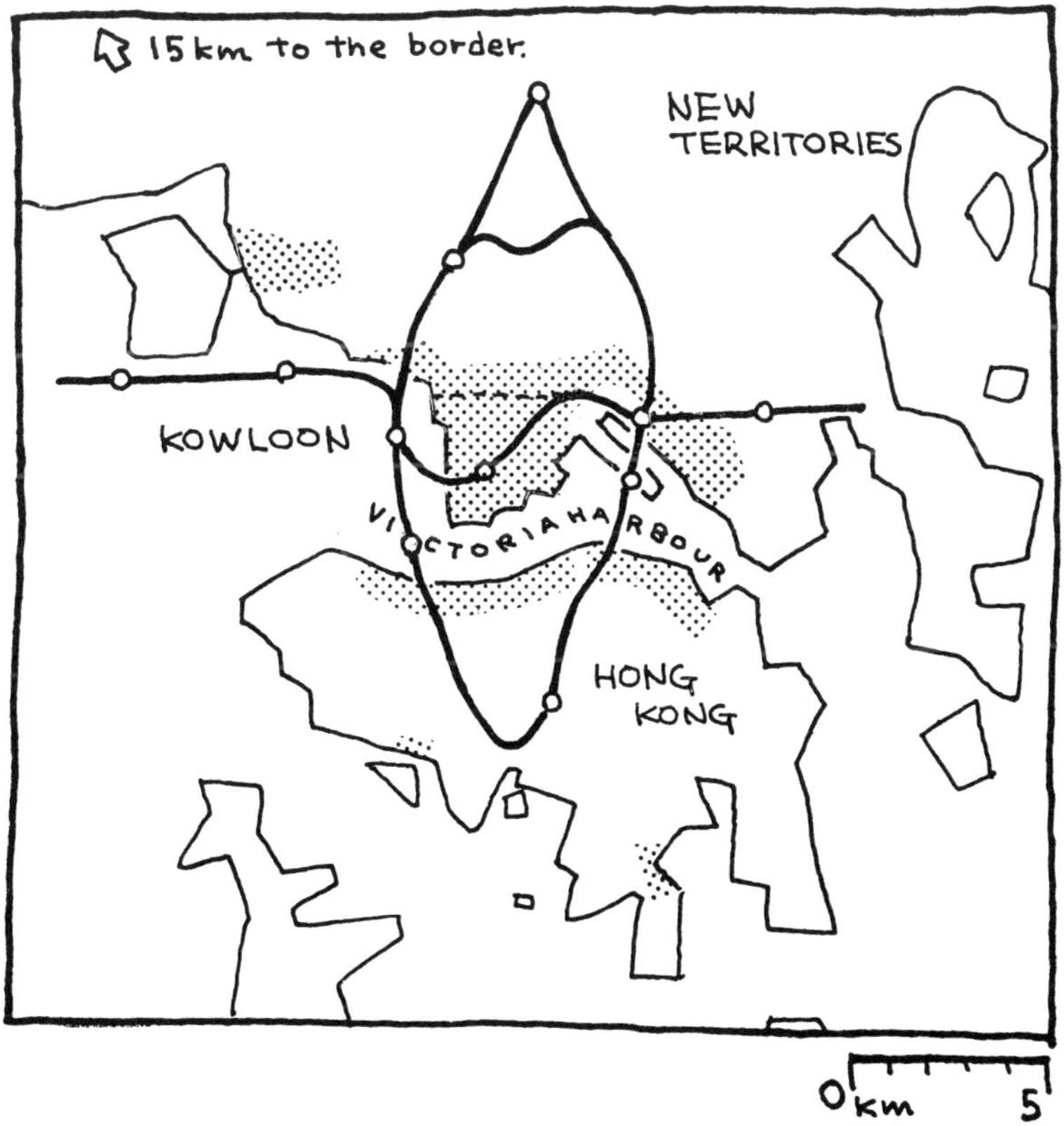

にみなとはすばらしかった。しかし、この岩だらけの島はどうしようもないお荷物に見えた。報告を聞いた外務卿パーマストンは、こう毒づいたという。

——A barren island, with handly a house upon it

——そのうえに家一軒建ちそうにもない、不毛の島。

ドジめ！ なんで、もっときのきいた島をとってこないのだ。

にもかかわらず、イギリスはこの島を直轄植民地*にして、みなとに面した島の北面に、女王の名を冠したビクトリア市を建設することを決めた。香港は文字通り女王陛下の島として出発した。

「女王陛下の島」はたんなる比喩ではなくて、香港には私有地というものがいまもって存在しない。** 香港島の半山區《ミッド・レベル》に大邸宅を構える金持も、がけっぷちに違法建築のバラックを建てて住みついている貧乏人も、ひとしく女王陛下の土地のかたすみを借りているにすぎないのだ。香港は、限られた時間と限られた空間のうえだけに存在する。

香港島中環《セントラル》の皇后大道《クイーンズ・ロード》は、植民都市の最初のメインストリートとしてつくられた、もっとも古い通りのひとつである。現在の香港の街は、すべてこの通りからはじまったといってもいい。

そして、このクイーンズ・ロードをこの街の起点だとするなら、その終点にあたる通りが九龍半島のつけ根を東西に走っている。界限街《かいはんがい》（バウンダリー・ストリート）という、この美しくもなければなにか特別な情緒があるわけでもない一本の通りが、この街の時間と空間の「界限」をいつも香港人に思いおこ

* Crown Colony. いわば天領。住民の自治は認めず，女王の番頭植民地総督が治める。英領ジブラルタルなどもこれ。

** 土地の売買はすべて地上権の売買。

させるのだ。
皇后大道や九龍の中心街――彌敦道《ネイザン・ロード》から香港の街歩きをはじめるのでは、これはあたりまえにすぎる。まず界限街に立って、そこから植民地の時間と空間をたぐり寄せてゆくやり方があっていいはずだ。

界限街　向って左側が九龍，右側は新界。
1997年には，右半分まで中国になる。

一九九七年

界限街の全長は約三千メートル。香港では長い方の通りに属するだろう。九龍半島の西側のつけ根、大角咀《たいこつちょい》の岩壁のきわから始まり、ほんのわずかだけ北に偏してまっすぐ東へのびている。途中、九廣鐵路と交差するところで数メートルほどでっぱる個所があるほかは、定規で引いたように直進して、東の端は啓徳機場《エアポート》の西側のロータリーで終っている。

そこは、いまでこそ埋め立てで海から一キロ近くも奥まっているが、界限街ができた頃は、そこが九龍半島の東の岸辺だった。つまり、九龍を西から東へ貫くこの通りが、当時の植民地の北の〈界限《バウンダリー》〉だったのだ。

アヘン戦争でまず香港島をぶんどったイギリスは、つづいて対岸の九龍をとる。その後さらに清国の弱体をよいことに界限街から深圳《さむちゅん》河にいたる広大な山野を入手して、植民地を現在のサイズにした。

ただし香港島・九龍とちがって、九龍以北の土地は租借地で、九十九年の期限を切られている。期限の切れる一九九七年に、もし中国が約束通り返してもらおうといってくれば、香港は総面積のほとんどをいっきょに失うことになる。すでに超過密の香港が、この先香港島と九龍だけにたてこもって生き残れる可能性はない。つまり界限街の北側を失なう日が、香港最後の日なのだ。*

そのなんのへんてつもない、生活の臭いにあふれた一本の通りが、香港の時間と空間の、もっともたしかな標識なのである。

＊ ただし，英中関係がこのままうまくゆけば，香港最後の日は，さらに先へくりのべられそうな形勢。メンツと大義名分さえたてば，中国が返せといいだすことは十中八九までないという見方もある。

土地をふやす

植民地香港は、その決定的に小さい土地面積を少しでも拡げるために、ふたつの方法を歴史的にとってきた。

(1) 政治的方法——境界線を内陸に進める。つまり中国からぶったくる。

(2) 物理的方法——海岸線を埋め立てる。

(1)は一八九八年の新界租借以来ここ八十年ばかりやっていないし、これから先、できるみこみはぜんぜんないといってよい。それにひきかえ(2)の方法は、この百数十年ほとんど間断なく進められてきた。また、山腹が海岸線まで迫った香港島のような地形では、背後の山肌をけずった土を前の海にほうりこむことによって、海側と山側の両方向に平地が拡大するという利点があったので、埋め立ては効率のいい方法だった。

したがって、ビクトリア港に面した現在の海岸線で、一八四一年当時と同じ位置にあるものは、香港島にも九龍にも一個所もない。埋め立てが完了して海岸通りと船着き場ができると、すぐまた新しい埋め立て計画にかかるということをくりかえしてきたので、通りと通りの関係は、どこでもまとまりを欠いている。

たとえば香港島中環《セントラル》には、二百メートルほどの奥行きで海側から干諾道《コンノート・ロード》、徳輔《デボー・》道《ロード》、皇后道《クイーンズ・ロード》と、三本も大通りが平行して走っているが、これはそれぞれの時代の海岸通りだった。* いちばん山側の皇后道が、ほぼオリジナルな海岸線で、現在高層ビルが密集しているあたりに、かつては四本マストのクリッパーが錨をおろしていたのだ。天星碼頭《スターフェリー》も、はじめは徳輔道のあたり、つまり現在の位置から百

* 1978年に地下鉄工事中の徳輔道の地中深くから，帆船の大砲が掘りだされた。1800年代後半のイギリス製で，当時の海岸線から20m沖合の位置。なぜ海中に落っことしたのかは不明。

メートルも内陸にあった。

〈滑走路〉

埋め立てをくりかえしたせいで、ビクトリア港はどんどんせまくなり、大はばにかたちを変えてしまった。十九世紀の帆船時代に、この港のことなら自分の庭のようによく知っていたアヘン船の船長でも、月のない夜に現在の港へ入ってきたら、たちまち船を坐礁させてしまうにちがいない。

たとえば、啓徳機場《エアーポート》のある九龍灣は、かつてはば二キロ以上もある、ふところの深い入江だったが、いまではまったく原型をとどめていない。空港の裏手のかなり奥まった一角にあって、犯罪者の巣窟だとか香港のカスバだとかいわれている九龍城も、以前は城壁に囲まれた清朝のトリデとして、この入江に面した見はらしのいい丘のうえにあったのだ。

埋め立て地から港内へ四千メートルも突き出している滑走路は、むろんなかった。戦前の滑走路はほんのささやかなもので、いま空港ビルがあるあたりの埋め立て地のうえを、いまのと直角に走っていた。海上へ拡張する工事を始めたのは、占領中の日本軍である。*それを戦後、ジェット時代の到来とともにどんどん沖へのばして、現在あるような隆々たる一大突起物にしてしまった。

九龍の中心街、彌敦道《ネイザン・ロード》から西側の一帯も、ほとんど埋め立てによってできあがった。香港島の灣仔《わんちゃい》から、大丸や松坂屋のある銅鑼灣《コーズウエイベイ》にかけての街並みも、昔はおおむね海の下。つまり、いまある香港の繁華街は、すべて人工の地面のうえにのっかっていると考えてよい。

いつの日か中国が香港をとり返したあかつきには、長年の地代にみあうだけの土地が余分についてくるわけだ。

* 滑走路の埋め立てのために，九龍城の城壁をバラして使ってしまった。

埋め立て前／埋め立て後

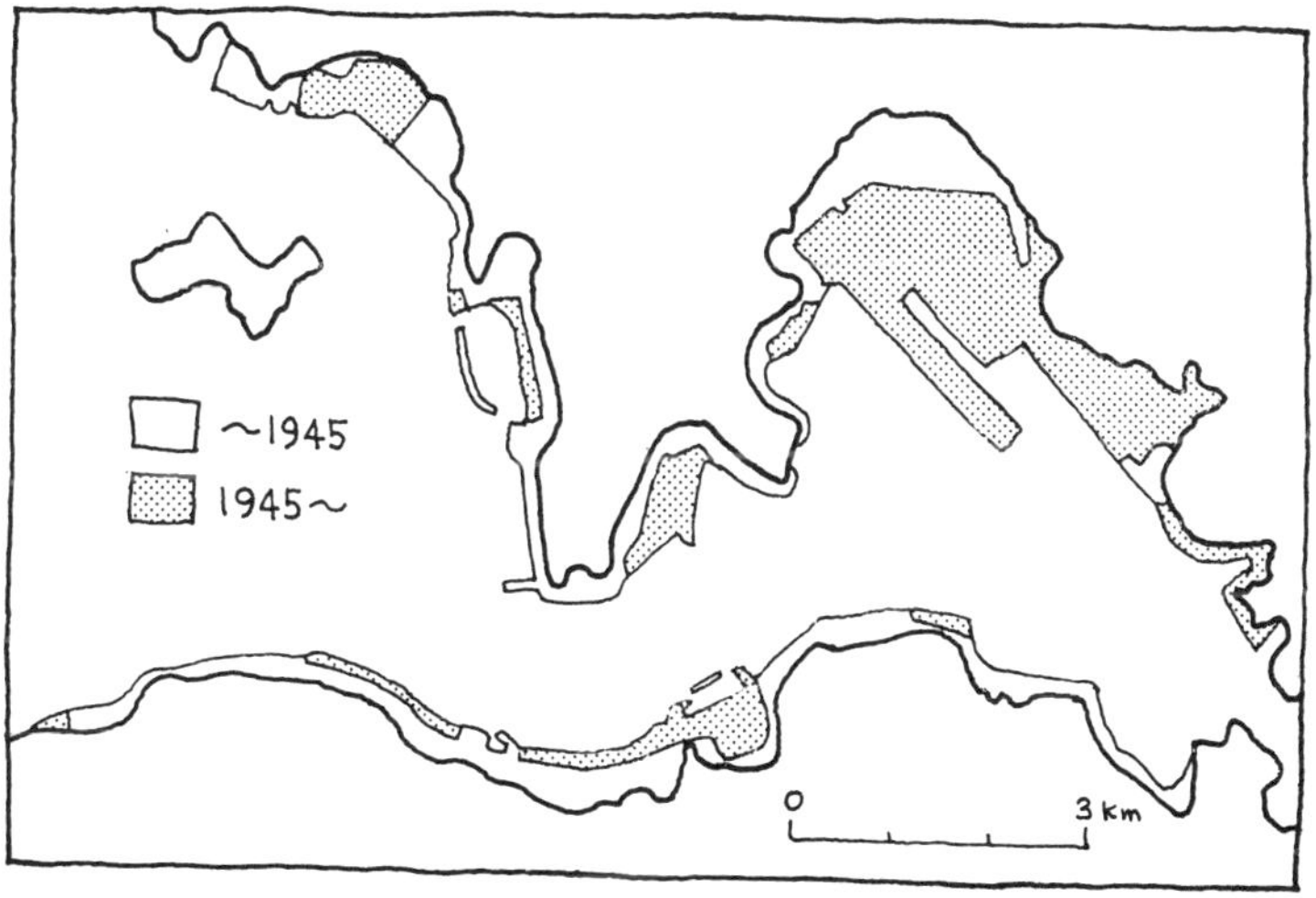

43 出街

B　通りの名前

香港の街路には、どんなしみったれた汚い裏通りにも、ひとつひとつきちんと名前がついている。* これは日本とちがって、たいそう便利な点だが、名前の数がじっさいの通りの数の二倍もあるのは、多すぎるという気がする。つまり、一本の通りにはかならず英語と中国語の名前が両方ついていて、一致していることもあるが、そうでないこともあるから困るのだ。

英名と中国名では、もちろん英名が優先。通りの表示はかならず英名が先で、命名のしかたも完全にイギリス流を踏襲する。まず主要な通りには、

Road　Street　Avenue

がつく。それにつづく通りや横丁には、

Lane　Terrace　Path　Drive　Row

など。さらに通りの形状や用途によって、

Crescent　Court　Strand　Ride　Step　Yard　View　Wall
Junction　Way　Rise　Circuit　Walk　Playa

など、およそイギリスにある呼び名で、ないものはない。

しかし、これに対応する中国名の方はずっと種類が少なくて、カテゴリーはおよそ七つ。** これだけで十いくつもの区別のある英名をカバーするのだから、厳格な対応関係はそもそもありえない。おおよその傾向としては、

* 住居表示は「香港（または九龍）××街××號×樓(階)」になる。香港は通りの右側が奇数，左側が偶数。

** これ以外に Playa（海岸通り）に＜海傍＞，View に＜景＞をあてた例がある。

(1) 道〈とう〉 Road
(2) 街〈がい〉 Street
(3) 路〈ろー〉 Avenue
(4) 里〈れい〉 Lane
(5) 徑〈きん〉 Drive Path
(6) 臺〈とい〉 Terrace
(7) 巷〈ほん〉 Path Row Lane

という関係になる。しかし〈道〉と〈街〉は、もっともありふれていて、なんにでもつぶしがきく。ほんの小さなPathに〈道〉がついていることもある。

この中国名のカテゴリーは中国の都市と同じではなく、英名にひきずられてこうなった香港独特のもの。* 中国のルールでは、大きい方から〈路〉〈街〉〈巷〉〈里〉の順で、どこでもこの四つにきちんとおさまっている。

オヤジをはりたおす

英名と中国名の関係には、いくつかのタイプがあって、いちばん多いイギリスの人名や地名などは、そのまま広東語表記に音訳するのが原則。

Nathan Rd. ——彌敦《ねいとん》道、 Kimberley St. ——今巴利《かむばれい》街

などがそうだが、発音をあてただけだから中国人にはまったく意味不明。

Waterloo Rd. ——窩打老《うおたあろう》道

などというのはケッサクで、北京語を解するひとが聞くと、ぎょっとするら

* 香港では <路> がつく通りは数えるほどしかないが，中国の大通りはすべて <路>。反対に香港の大通り <道> は中国ではほとんど使われない。

しい。〈うお・たあ・ろう・とう〉の音から思い出す北京語のセンテンスは「我打老豆《うおたあろうとう》」。「老豆」は父親。つまり「オヤジをはりたおす」ことになる。

第二のタイプは、英名の意味をとってそれを中国語にホンヤクしたもの。*

King's Rd.——英皇道、Bank St.——銀行街、Middle Rd.——中間道、Oil St.——油街、Elm St.——楡樹街、Electric St.——電器街

などがこれにあたる。バカ正直に訳したものでは、

Lady Clementi's Ride——金《かむ》夫人馳馬徑**

という奇妙なのがある。

第三のタイプは、いちばん問題のあるケースで、英名と中国名がまったく無関係。すでに中国名が通用していたところへ、英名をつけてしまった通り。

青山道——Castle Peak Rd., 淺水灣道——Repulse Bay Rd.

など、ふつうの中国人は中国名しか知らないから、たずねようがない。

それにくらべると、第四のタイプはいちばん理にかなっている。中国名をそのまま英語式に表記したもので、あとから開けた九龍と新界にはこれが多い。***

通菜街——Tung Choi St., 白布街——Pak Po St., 黒布街——Hak Po St.

しかし、このタイプのなかでも、中国の地名をつけたものは、わかりにくい。

漢口道——Han Kow Rd., 上海街——Shanghai St., 蕪湖街****——Wuhu St.

など、英名は北京音をとっているのに対して、香港人はそれぞれ広東音で〈はん・はう〉〈しょん・ほい〉〈もー・うー〉と読んでいるからだ。

「へえ、シャンハイって上海のことなの！　知らなかった」——というわけ。

* 地名では Happy Valley——＜快活谷＞というのがある。

** 第17代総督クレメンティ（中国名・金文泰）の奥方。香港島大平山頂近くにあるこの小径で，馬に乗った。亭主も乗馬好きだったらしくて＜金督馳馬徑＞というのがほかにある。

*** この頃にはイギリス人も，いちいち名前を考えるのにあきてしまった。新界はどうせ返さなくてはならないのだし……。

**** 浙江省。杭州の近くにある市。

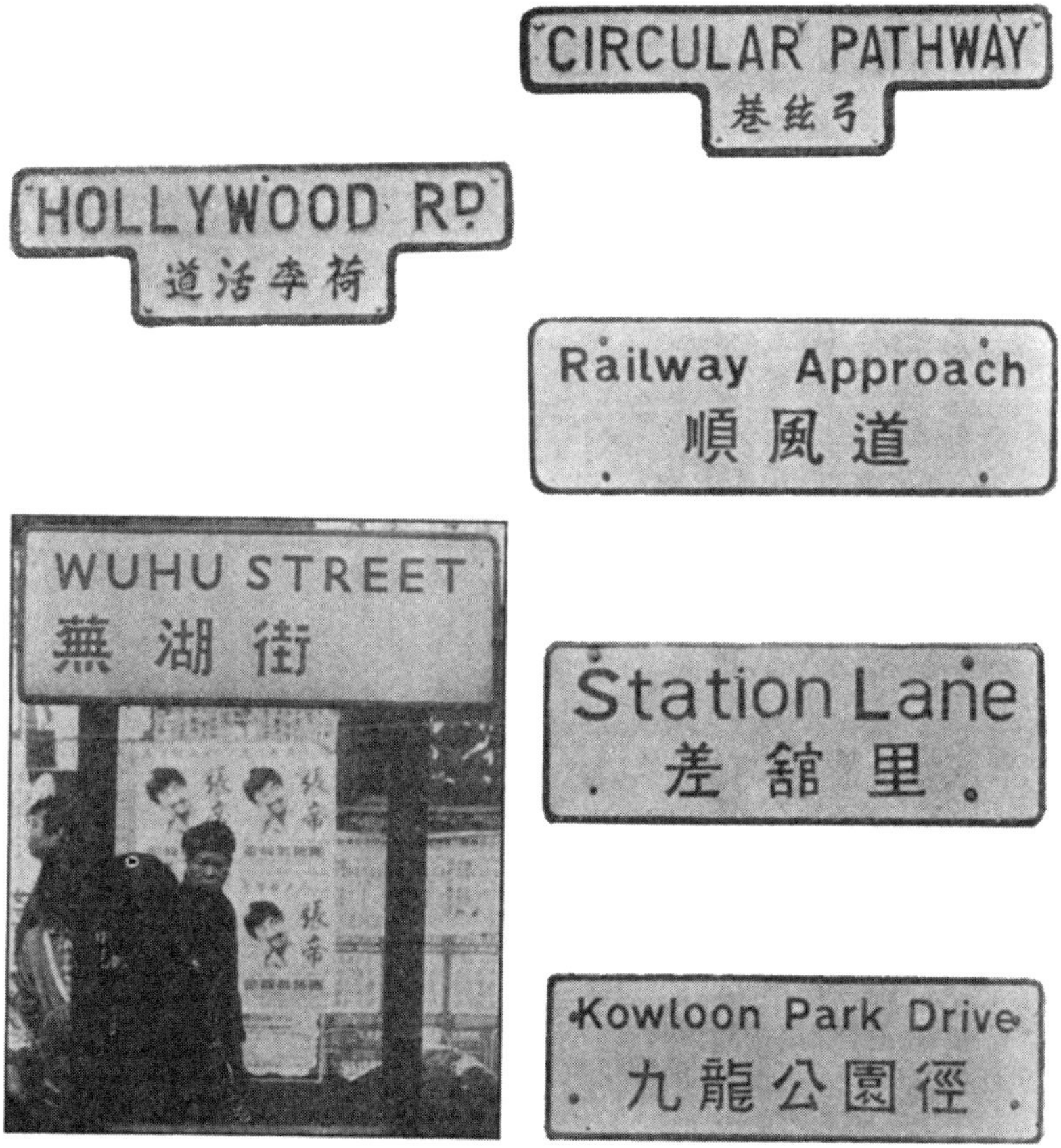

道路表示板いろいろ　うえのふたつは戦前からある古いタイプで重厚な鋳物製。香港島に多い。

香港／ストリート・ストーリー

<雪廠街(Ice House St.)>

香港島中環《セントラル》のそのまた中心、皇后像廣場から一本西にある小さな通り。小さいけれども、文華酒店《マンダリンホテル》の角から始まってビジネス街をぬけ、政庁の合同庁舎に至るこの通りの名はよく知られている。しかし、なぜ「アイス・ハウス」なのか？　一説によると、その昔まだ夏の氷が貴重品だったころ、ビクトリア市の中心でどこへ配達するにも地の利のいいこのあたりへ、氷の貯蔵庫をつくる計画があった。そこで手回しよく通りの名を「アイス・ハウス」にしておいたところが、計画は結局サタやみとなって、名前だけがいまに残ったのだろう。

<世運道 (Olympic Ave.)>

「オリンピック通り」。日本語ならばさしずめ「五輪道」。啓徳空港から始まる五百メートルばかりの自動車道路で、空港へ入るにも出るにも、かならず通らなければならない通り。片側は滑走路、もう片側は細長い公園になっている。したがって人家も店もなく、「アベニュー」とはいうものの歩いてもしようがない。つまらない通りだからたいした由来もないのだが、命名は一九六四年。つまりこの〈世運〉というのは、なにをかくそう東京大会のことで、遠くギリシャから国立競技場へ着いたあの聖火は、堂々この通りを通過していったのです。

あるいは、日本にちなんだ名前*をおまじないに空港の前の通りにつけておけば、観光客がわんさと来るぞ、と考えたのかも知れない。

* この通りに面した<宋皇臺公園>には，宋の時代，九龍に落ちのびた皇子が「宋王臺」の三文字を刻ませたという大きな石があり，史跡になっている。説明にいわく，元来はもっと大きな石だったが，日本軍が滑走路拡張のジャマだといって，無謀にも爆破した——とある。

〈**樓梯街**（Ladder St.）〉

香港島名物の急な石段になった通りの代表的なのがこれ。百年以上まえからある古い通りで、よく写真が観光ガイドブックにのっている。上環の中腹、荷里活道《ハリウッド・ロード》の文武廟のわきから堅道《ケイン・ロード》まで一直線に登ってゆく通り、というよりは、つまり石段。二百メートルほどの全長に対して、標高差が六十五メートルもあるので、高所恐怖症のひとは登りながらふりかえらない方がいい。〈樓梯〉は「階段」の意味だが、階段にあたる英語はstairのはず。それをladder（はしご）としてあるのは、まったく正しいと思う。下の荷里活道から片目をつぶって見上げると、完全に垂直の「はしご通り」に見える。その昔は、根性のないひとのために〈轎子〉（いすかご・sedan chair）のサービスがあって、金さえ払えば「金毘羅」さん式に人力エスカレーターで上までつれていってもらえたらしい。

〈**西洋菜街**（Sai Yeung Choi St.）〉

広東料理のことを〈廣東菜〉、日本料理を〈日本菜〉というから、これは「西洋料理」街なのかと思ったら、ちがった。〈西洋菜〉は野菜の名で、日本でいうところの「ミズガラシ」*。イギリス人は、このサイ・ヨン・チョイ・ストリートが“water cress”通りのことだとは、たぶん知るまい。九龍の旺角の繁華街のまんなか、彌敦道の東側を平行して走っている。昔、このあたりがまだ野原だった頃、ここに〈西洋菜〉の水田があったところからこの名がついた。

〈西洋菜〉というからには西洋起源の野菜にちがいないが、いつ中国へもたらされたかについて定説はない。ポルトガル人が澳門《マカオ》へ持ちこみ、それが廣東省一帯へひろがったといわれている。とにかく広東人はこれを（もちろん中国料理にして）よく食べる。よく食べるようになった理由のひとつは、この野菜が肺結核に

＊ 日本ではオランダガラシともいう。

よく効くと信じられていたからなのだ。

ある船乗りが航海中に結核とわかり、伝染を恐れた乗組員に無人島へおきざりにされてしまった。もう死に絶えたろうという頃になって乗組員が島へ行ってみると、くだんの結核男がピンピンしている。たずねてみると、自生していたこの野菜を毎日食べていたというので、以来、効能が知れわたったという。伝説はともかく、〈西洋菜〉がおいしいのはほんとう。水生のものと陸生のものがあり、香港産のものはほとんど陸生。こちらは少々苦味がある。

＜旺角道（Mong Kok Rd.）＞

九龍の旺角のいちばん北、彌敦道を横切って九廣鐵路・旺角駅へ突きあたる大きな通り。ぜんぜんつまらない通りだが、いちおう旺角の中心街。この旺角というよく知られた（東京でいえば「新宿」とか「渋谷」という感じの）地名の読み方は〈うぉん・こっ〉だが、英名は「モンコック」となっている。というのは、旺角のあたりを、古くは茫角〈もん・こっ〉といったからで、英名はこのころのもの。もっとも〈茫〉と〈旺〉では、音は似ていても意味は正反対。百年前は「茫茫《ボウボウ》タル」野原の一寒村にすぎなかったあたりが、その後急激に発展して「旺《オウ》旺《オウ》タル（にぎやかな）」街になってしまったので、いつからか名前が実態を追認することになった。

＜三つ目の名前――通りの「花名《あだな》」考＞

たとえば「ドブ板通り」とか「ションベン横丁」、あるいは「オケラ街道」という具合に、日本にも俗称のついた通りは多いが、香港ではもっと多い。なにしろ名前がすべて中英二本立てのうえ、舌をかみそうな西洋人の姓だったりするわけだから、自然に三つ目の名前――あだ名が生まれ、そちらの方が普及してゆく。

こうした通称で呼ばれる通りは、もっとも初期から中国人が住みつき、商売をはじめた香港島上環の、古びてごちゃごちゃとした一角に多い。たとえば、

〈鴨蛋街〉——本名・永勝街 (Wing Shing St.)

読んで字のごとく、アヒルの卵をはじめ、あらゆる種類の卵を商う店が集中しているのでこの名がある、最も古くからある通りのひとつ。

〈南北行〉——本名・文咸西街 (Bonham Strand W.)

数十年前までは、この通りが香港の貿易業の中心だった。南はインドネシア、ベトナム、マレーあたりから、北は華北、アメリカ、ヨーロッパまで、ここを中心に物資が流通したので、すなわち〈南北行〉。

〈雀仔街〉——本名・閣麟街 (Cochrane St.)

戦前、この通りに小鳥を売る露店が多く集まり、ひやかしにくる小鳥好きでにぎわったところからこの名がある。戦後、小鳥屋はいなくなったので、名前もそろそろ消えてゆく運命。

〈爲食街〉——本名・士丹利街 (Stanley St.)

「食ヲ為ス」通りというのだから、食い物屋がある。といっても、粥や麵の屋台ばかり。ビジネス街のすぐ上にあり、朝めしを食いそこねたホワイトカラーなども、軽い腹ごしらえに背広でやってくる。

〈紅毛嬌街〉——本名・擺花街 (Lyndhurst St.)

「西洋女郎」通り。植民地ができた最初の最初の頃、ここにイギリス人用の〈高級妓院〉、つまり「朝日のあたる家」がなん軒かあった。これを中国人は〈娼婆寮〉と呼んでいて、たぶんゾロゾロと紅毛の西洋娼婦を見物にでかけたはずだ。むろん、いまはない。

3 碼頭

A ジャンクション

香港島と九龍に二分された香港の街の全体像をつかむためには、あいだによこたわるビクトリア港の機能を理解しなければならない。目には見えないけれども、海上には縦横に大通りが走っている。そこを往来するのが〈渡海小輪《クロスハーバー・フェリー》〉で、フェリーの船着き場を〈碼頭　まあ・たう〉という。

碼頭はたんなるフェリーの乗り場ではない。陸上交通と海上交通の接点として、あらゆる交通機関がそこに集まり、そこから出てゆく。東京でいえば電車のターミナル駅にあたる、交通のジャンクションなのである。たとえば、ここに香港にある陸上交通機関をすべてあげてみよう。

(1) バス
(2) ミニバス
(3) タクシー・ハイヤー・人力車

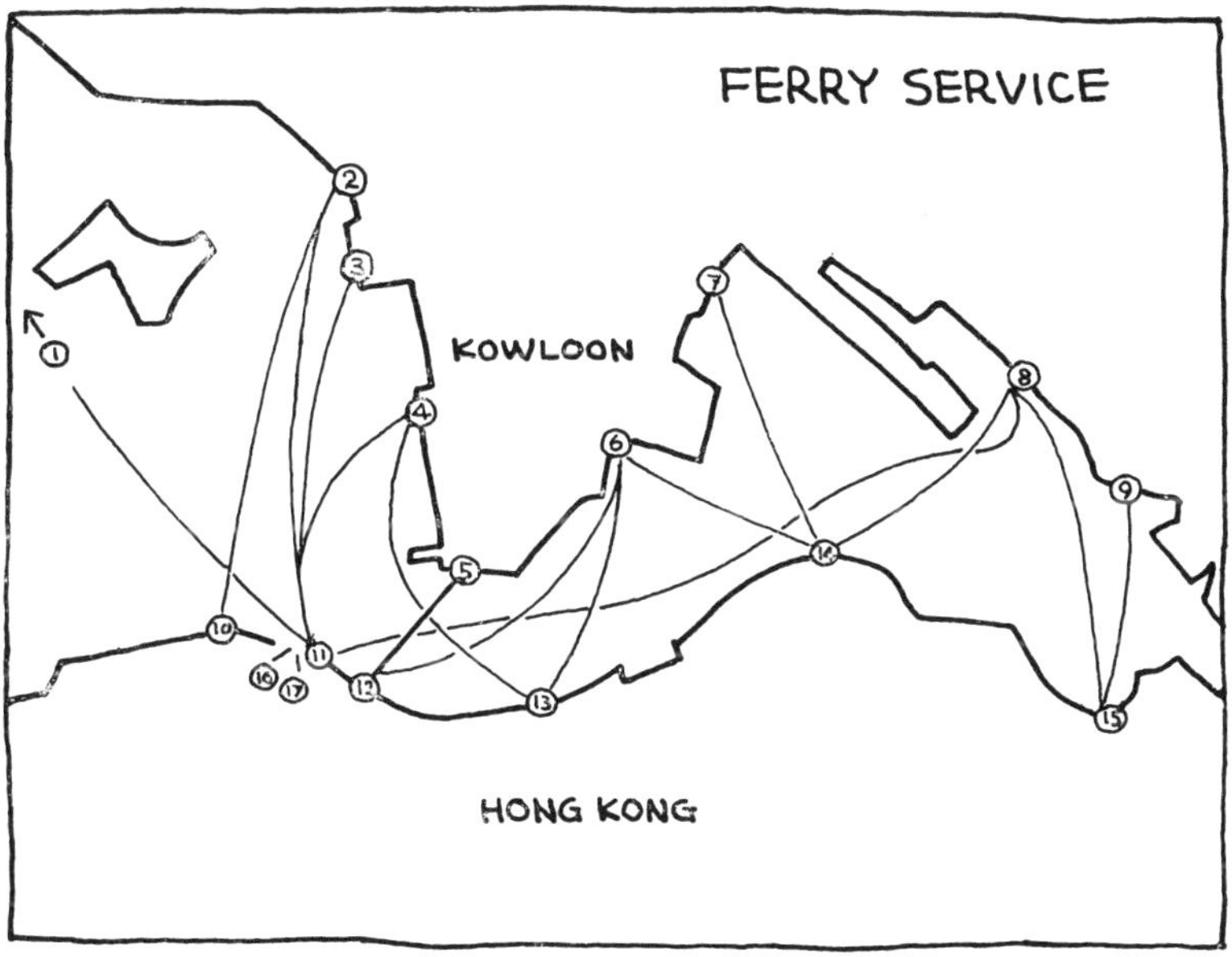

①荃灣　②深水埗　③大角咀　④佐敦道　⑤天星碼頭　⑥紅磡　⑦九龍城　⑧觀塘　⑨三家村　⑩上環　⑪中環　⑫天星碼頭　⑬灣仔　⑭北角　⑮筲箕灣　⑯港澳碼頭　⑰離島碼頭

ＨＹＦの載車小輪

(4)　路面電車*

(5)　九廣鐵路**

(6)　地下鉄***

(7)　ピーク・トラム

このうち碼頭と直接の関係なしに運行しているのは、地下鉄とピーク・トラムくらいのもの。ほかはたいていビクトリア港の両岸の名碼頭を起点としている。(5)の九廣鐵路も、一九七五年に現在の紅磡《ほんはむ》に移転する以前は、尖沙咀の天星碼頭のわきに、時計塔のある美しいレンガ造りの始発駅があった。

一方、碼頭を起点とする海上交通――フェリーの方はどうかというと、これもひとつではない。まず、のっけるものにより、

(1)　儎客小輪――人間用

(2)　儎車小輪――くるま用

の二種類のサービスがある。一九七二年に〈海底隧道《トンネル》〉が開通してからは、(2)の重要度はやや低くなったが、トンネルより料金が安いのと、行き先によってはかえって時間の節約になるところから、まだ利用者は多い。人間用のフェリーは、ふつう二層になったデッキを持ち、大きさは百トンから二百トンくらい。いちどに五、六百人の乗客を運ぶことができる。

これより小さい単層の船体で、大型ランチのようなかたちをしたフェリーを、

(A)　海上巴士《バス》――定員二百六十人くらい

(B)　海上的士《タクシー》――定員六十人くらい

* 香港島の東西を結ぶストリートカー。二層になっていて，世界唯一の「二階電車」だという。

** 九龍と本土の廣州を結ぶ。戦前は，シベリア鉄道経由でロンドン・ビクトリア駅まで行けた。

*** 1979年に開通（一部）。

と呼ぶこともある。もっとも(B)は、べつに海上をあちこち流しているわけではない。(A)とともに、利用者の少ない路線に使われたり、また「団体貨切バス」として、会社や学校にチャーターされることもある。また、これよりさらに小形の船体で、最近一、二の路線に就航しはじめた

(C) 飛翔船——ホバークラフト(Jet Foil)は、文字通り「飛ぶがごとく」海上をゆく。ただしこれには特別料金が必要。

天星碼頭　一等と二等は入口がちがう。ここは一等。

エンヤコラ　と滑車で跳板(Gang Way)を降ろすスターフェリーの〈水夫〉。

B　スターフェリーとHYF

十いくつもあるビクトリア港のフェリー路線のなかでも、もっとも歴史が古く、そしていまなお最大の幹線になっているのは、尖沙咀と中環（一・五キロ／八分間）を結ぶ路線。これを運行しているのが天星小輪《スターフェリー》有限公司*で、スターフェリーが発着する両岸の碼頭は、どちらも〈天星　てぃん・しん〉碼頭（スターフェリー・ピア）と呼ばれている。

煙突に星のマーク。白と緑に塗り分けた、美しい船体は、ビクトリア港の観光写真に欠くことのできない小道具だが、現在就航中の船腹は次の十隻。製造年度はちがっても、いずれも完全な同型で、船名にはすべて〈星《スター》〉がつく。

天星 (Celestial Star)	一九五六
日星 (Solar Star)	一九五八
午星 (Meridian Star)	一九五八
北星 (Northern Star)	一九五九
夜星 (Night Star)	一九六三
晨星 (Day Star)	一九六四
輝星 (Shining Star)	一九六四
燦星 (Twinkling Star)	一九六四
銀星 (Silver Star)	一九六五

スターフェリーの定期券

* The "Star" Ferry Co., Ltd.
発祥は1888年，1898年に会社創立。

暁星 (Morning Star)　一九六五

この十隻で尖沙咀と中環のあいだを、毎日午前六時から夜中の二時まで、計二百三十五往復。年間にざっと六千万人を運んでいる。

しかし、この六千万人というスターフェリーの利用者数も、ビクトリア港のフェリーサービスぜんたいから見たら、わずかな数字にすぎない。あとの全路線は、煙突に〈ＨＹＦ〉の三文字をつけたフェリーの独壇場。スターフェリーが英系資本であるのに対して、こちらの香港油麻地小輪有限公司*は民族(地元)系で、後発ながらすでに五十年の歴史をもつ。社是は「民有　民治　民享」と、つまり三民主義。あわせて百隻近い保有船腹**には、〈民信〉〈民健〉〈民富〉〈民楽〉など、すべて〈民〉の字をつけている。

ビクトリア港内に二十路線のほか、港外の離島に十路線。また、一九七八年から開設された香港と廣州（黄埔港）を結ぶ路線も、「三民主義」が中国のおめがねにかなって、ＨＹＦが運行権を獲得した。スターフェリーにくらべて船体はなんとなく野暮ったいが、船内に売店があるのはこちらだけ。

色のあせたセーラー服を着たおっさんが売り子兼コックで、ネスカフェをいれたり、麺をゆでたりしてくれる。夕方のラッシュアワーの船内で麺を一杯注文し、暮れなずむ香港島を見ながら手すりにもたれて、ズルズル。すると、となりの労働者風の男が、火を貸せ、という。箸を口にくわえて、ポケットからライターをだし、つけてやる。「悟該〈んー・ごい〉！（スマンね）」——こういう気分は、スターフェリーでは味わえない。

* Hong Kong & Yaumati Ferry Co., Ltd.
** 内水フェリー会社では世界最大という。

フェリーとみなと雑学

〈スターフェリー図解〉

〈トン数〉一六四トン
〈機関〉CROSSLEY社（イギリス）製ディーゼル＊
〈全長〉三三・八メートル
〈全幅〉八・六メートル
〈吃水〉二・六メートル
〈速力〉巡航七ノット、最高一〇ノット
〈乗組員〉八名（操舵室二名、甲板四名、機関室二名）
〈座席〉五五九（一等三一九、二等二四〇）

〈北星〉の鐘

〈暁星〉の銘板

＊ エンジンの出力はなぜか企業秘密なのだそうだ。

前後の見分け方——錨を2本のせている方が船首，1本の方が船尾。HONG KONG と金文字のある方が船尾，なにもない方が船首。
▼

1階が2等，2階が1等。2等は吹きっさらし，1等は前後に船室あり。船室の片方は禁煙，片方はOK，1等は0.3元，2等は0.2元。
▼

▲
スクリューは前とうしろにひとつずつ。舵もひとつずつ，操舵室も船首と船尾にひとつずつ。ただしエンジンはひとつ。乗降口の〈跳板〉は1等の左舷と右舷，2等の左舷と右舷の計4つ。

クリスマスから新年までのあいだは，煙突にひいらぎをかたどった小さなイルミネーションをかざる。夕暮れの海上でひいらぎがゆれる。
▼

浮き輪

〈スターフェリー、マカオへ行く〉

これだけフェリーがあると、乗りまちがえるひとも当然でてくる。乗りまちがいの新記録は、一九七八年に旅行者でもない地元の一少年がうちたてた。

九龍に住む十一歳の黄少年は、その朝、休日で学校がないのを忘れて登校（相当まぬけな子供らしい）、そこでヒマつぶしに対岸の中環を見物に行こうと思いたった。ポケットをさぐると、スターフェリーの往復料金にぴったりのちょうど四毫（四〇セント）ある。まずはさっそく尖沙咀から八分間の船の旅。中環をひとめぐりして、さて九龍へ帰ろうかなというとき、黄少年はなぜか五百メートルも離れた港澳碼頭《マカオ・フェリー》を天星碼頭と信じてしまった。

マカオは「外国」だから、フェリーに乗るにはうるさい出境手続きが必要。もちろんパスポートもいる。どだいまちがえて乗れるはずはないのだが、黄少年は自信をもってカウンターに二毫（！）置くとスイスイと乗船。二時間たっても尖沙咀へ着かないので、しかしずいぶんのろいスターフェリーだな、と思っているうちに澳門へ。ここでもなぜか税関はフリーパス。ようやくその夜の午前三時になって、待合室でポケッとしているところを保護された。

これがフェリーをまちがえた香港の新記録ということで、翌日の新聞＊のトップ記事になった。まあ、香港のマスコミもヒマといえばヒマ。

〈シグナル8〉

東京の通勤サラリーマンにとって「スト情報」がそうであるように、香港のフェリー利用者たちにとっては「台風情報」が切実な関心事。海底隧道《トンネル》ができる以前は、毎年秋にやってくる〈颶風〉のたびに香港の都市機能はマヒした。フェリーが止まれば、香港島と九龍は完全に分断されてしまうからだ。もっともその頃

＊ 1978年3月25日付。

は〈颶風〉になれば会社も学校も即、休み。その方がよかったというひともいる。〈風暴訊號《シグナル》〉*といわれる警報は、こまかく八種類**に分かれていて、香港人はラジオやテレビで「ただいまシグナル〈×〉発令中」と聞いただけで、その内容を理解する。

〈1〉準備訊號——熱帯旋風が香港から四百海浬以内に接近中。
〈3〉強風——平均風速毎時二十二〜三十三ノット***の強風。
〈5〉烈風或暴風由西北方吹襲——西北より強風、毎時三十四から六十三ノット。
〈6〉烈風或暴風由西南方吹襲——西南より強風、毎時三十四から六十三ノット。
〈7〉烈風或暴風由東北方吹襲——東北より強風、毎時三十四から六十三ノット。
〈8〉烈風或暴風由東南方吹襲——東南より強風、毎時二十三から六十三ノット。
〈9〉烈風或暴風風力増強——風力の増強さらに一段と顕著。
〈10〉颶風——平均風速毎時六十四ノット以上、百二十ノットに達するおそれ。

まずシグナル〈3〉が発令されたら、エンジンのない小船はすぐ避難しなければならない。大型船は港内の指定投錨水域に向かい、フェリーも遠からずストップの体勢。さらに〈8〉になると、フェリーは完全にストップしてしまう****。碼頭には大波がザブーン、通りにはひとっ子ひとりいなくなって、看板が吹きとぶ。

〈アグネス台風〉

香港の台風は、占領時代の日本がそうだったように、アルファベット順に西洋人の女の名で呼ばれる。たとえばAからいくと、
Alice〈愛麗斯〉 Betty〈比蒂〉 Cora〈柯娜〉 Doris〈桃麗斯〉 Elsie〈愛茜〉 Flossie〈霍蘿茜〉 Grace〈嘉麗斯〉 Helen〈凱倫〉 Ida〈艾黛〉 June〈琴茵〉 Kathy〈嘉菲〉 Lorna〈羅娜〉 Marie〈曼莉〉 Nancy〈蘭茜〉 Olga〈奥

* Tropical Cyclone Warning Signals.
** No.2, 4は，なぜか欠番。
*** 1ノットは毎時1852mの速さ。100ノットで毎秒風速約50mにあたる。
**** 遠からずストップの状勢で，青旗が完全ストップで赤旗が天星碼頭に揭げてある。

嘉〉 Pamela〈柏美娜〉 Ruby〈露比〉 Sally〈莎莉〉 Therese〈娣妮絲〉

Violet〈維奥莉〉 Wilda〈葦黛〉

　こういう二十一人（QUXYZはなし）でできたリストが四セットあって、毎年順番に使ってゆく。ほかの三セットの最初の女の子は、それぞれ Anita〈安尼黛〉、Amy〈愛娟〉、そして Agnes〈愛娜斯〉*。

〈ジャンク〉

　香港島の林立するビルを背景に、夕陽のビクトリア港をすべってゆく赤い帆のジャンク——。こういう観光ポスターのような光景にでくわすのは、いまではなかなかむつかしい。まず、大型ジャンクの絶対数が減っている。そのうえ動力化が進んで、あの「こうもり帆《バット・セイル》」を使わなくなった。また、帆走できるジャンクでも、交通ラッシュの港内ではとてものんびり帆などあげていられない。

　ふつうのジャンクで、長さは十五、六メートル。大型になると二十五メートルくらいもあり、船内は隔壁でいくつかに仕切られているので、めったなことでは沈没しない。また、船尾が高くなっているせいで旋回性能もよい。こういうジャンクを見たければ、むしろ香港島の南側の香港仔《ひょんこんつあい》の船だまりに行った方がいい。そもそもジャンクは漁船なのだから、ビクトリア港などに用はないはずなのだ。

　この本来のジャンクにかわって最近ふえてきたのが、レジャー用のジャンク。新造の船体に高速エンジンをのせ、ヨットやモーターボートと同じ艤装をほどこしてある。内装は凝りに凝った本格「アン・ノン」調。ニスをかけて磨きあげたこの美しいジャンクを静かな入江の沖合に浮かべて、休日に友人とパーティをする。そういうのが在留ヨーロッパ人社会などでは、ちょっとスタイリッシュなことなのだ。

＊ 最近の「台風アグネス」は1978年９月に香港を直撃。

＜落日の砲艦＞

栄光の時代はもう遠い昔話でしかないが、ビクトリア港はいまもれっきとしたイギリス海軍の軍港。香港島中環と灣仔の中間に、ひっそりと日蔭の身をかくすように小さな海軍基地がある。その沖に、グレーのちっぽけなフリゲート艦が停泊しているのが見えたら、それが香港の植民地護衛艦《コロニー・ガードシップ》、「ターマー」*だ。

砲艦外交は、かつてのお家芸。イギリスはアヘン戦争以来、この港に軍艦を浮かべて植民地と中国にニラミをきかせてきた。しかしこの「ターマー」では、スターフェリーを撃沈するのがやっとという感じ。ほんのおしるしばかりの「砲艦」だが、まあ、あまり目立たない方がいいという政治的配慮もある。しかもこんなマメ軍艦一隻をイギリス海軍だけではもちきれなくて、維持費は香港政庁と協定で折半しているのだから、シミったれた話。

先代のフリゲート艦「チチェスター」（二千四百トン）は、一九七六年に十七発の礼砲に送られてビクトリア港を去ったあと、あわれにも売りに出されてしまった。いまでは源氏名も変えて、世界最貧国のひとつ、バングラデシュの海軍にでているという。大英帝国海軍の落日を見る思いがする。

* HMS Tarmar.

売られたチチェスター

C　バス

　陸上交通では〈巴士《バス》　ぱー・しい〉が、もっともよく発達した使いやすい交通機関。バス会社はふたつあって、香港島をCMB*（中華汽車有限公司）が、九龍をKMB**（九龍汽車〔一九三三〕有限公司）が、それぞれ別個に運行している。バスサービスの種類は、

(1)　市區〈しい・くぅい〉巴士――市街地路線バス
(2)　長程〈ちょん・てぃん〉巴士――郊外・新界方面行き長距離路線バス
(3)　隧道〈そい・とう〉巴士***――海底隧道《トンネル》を通る、香港・九龍の連路バス
(4)　豪華〈ほう・わ〉巴士****――快速・快適・直通デラックスバス

の四つ。これ以外に、バスとタクシーのあいのこのような〈公共小型《ミニバス》　くぅん・くぅん・しう・ちん〉巴士が、市内をチョロチョロと走りまわっている。
　香港名物の二階バス――〈雙層《ダブルデッカー》　しょん・ちゃん〉巴士は(1)と(2)と(3)を走っているが、しかしこれを「ロンドンと同じ二階バス」と呼んだら、ロンドンのバスが気を悪くするかも知れない。製造元は同じでも、ロンドンのとはだいぶ姿かたちがちがう。うしろの方はたいていぶつけてデコボコだし、サスペンションがヘタっているので、満員の乗客をつめこんでカーブを切ると、ガリガリと尻をこすることもままある。もともと、きちがいじみた香港の街で使うように設計されたバスではないのだから、これもしかたがない。

*　China Motor Bus Co., Ltd.
**　The Kowloon Motor Bus Co., (1933) Ltd.
***　これは両社が相互乗り入れ。
****　これはKMBだけ。香港島にも乗り入れている。空港と尖沙咀（天星碼頭）を結ぶルート201，中環を結ぶルート200，の両エアポートバスもこのひとつ。たいていこわれているが，いちおう冷房つき。

真夏ともなれば、素足にサンダル、（ねじりはちまきこそしてないが）ランニングシャツ一枚の運転手が、ズボンのすそをまくりあげて運転席にうちまたがる。その走りっぷりは、強盗に追われて疾走する駅馬車を想像すれば、だいたいまちがいない。階上のいちばん前の座席にいると、じつにスリル満足。カーブのたびに片側の車輪が浮きあがって、ふわっと景色がななめになるのだ。

二階バスが横転する事故は、せいぜい年に二、三回だからまあ心配することはないが、重心を低く保つために、規則で二階の通路に立つことは禁止されている。また、これも走行時の安定をよくするために「台風のときは、すべての

CMBのジャンボ　香港で最大級のバス。イギリスのM. C. W. 社（Metro-Camel Waymann）製で，ロングボディーとショートボディーの両タイプがある。ロングは定員150（座席118＋立ち32），ショート（この写真）は定員95（座席72＋立ち23）。どういうわけかいろんなメーカーのをまんべんなく買うので，種類は雑多。新旧とりまぜてCMBで20種，KMBで13種も走っているが，いちばん多いのは両社ともダイムラー製。バスの総保有車輛数は，CMBが782輛，KMBが1707輛（雙層1226＋単層379＋豪華巴士±102）――1978年現在。

CMBとKMB
の車体マーク

窓を開けておかなければならない」という不思議な規則もある。* 風通しをよくして、横からの風圧をそらそうというつもりだろうが、逆効果ではないだろうか? 暴風雨をついて狂ったように疾走する、窓を全開にした二階バス。こういうのは、ロンドンあたりではちょっとお目にかかれないはずだ。

香港島を走っているCMBのバスは、すべて雙層のワンマン方式。九龍のKMBには、一部路線にまだ〈単層《シングルデッカー》 たん・ちゃん〉巴士も残っていて、車掌つきのバスもある。ワンマンの乗り方は日本といっしょ。乗るときは〈上 しょん〉と書いてある前のドアから。しかし、うしろの降車用ドアに〈落 ろっ〉という字があっても、そこからころげ落ちる必要はない。〈落〉は〈降〉の意味だから、ふつうに降りてかまわないのだ。

料金は路線によってちがうが、だいたい二毫(二〇セント)から三毫(三〇セント)。前払いで、おつりはくれない。では、たまたま五〇セント玉しかもちあわせがないときはバスに乗れないのかというと、香港人はアタマがいい。その場合は料金箱のわきに立っていて、まず次に乗ってくるひとから二〇セントあずかり、その次に乗ってくるひとからまた二〇セントあずかり、自分の五〇セント玉に一〇セントを足して、三人分の六〇セントをまとめて払う。

もし、あとから乗ってくるひとがいない場合は、そのまま入口のところに立って、次の停留所で乗ってくる新しい乗客を待つ。このルールを知らないととんだ恥をかく。投げこもうとした料金を、知らないひとがいきなり横からひったくるので、「アアッ、ドロボー!」——なんてことのないように。

* KMB の車内に掲示してある〈通告〉の第六——〈當颶風時須將各窗門盡開〉。

KMB　の(上から)Dimler, Leyland(豪華巴士), Albion。

バス停　はただのバス停で，たとえば「団地前」とか「第三小入口」というような名前はついていない。不便だと思う。ラッシュアワーには整理員がでる。

車掌　かならず男だから〈巴士佬　ぱー・しい・ろう〉という。

ミニバス

〈公共小型巴士〉を略して、ふつうは〈小巴　しう・ぱ〉と呼んでいる。これを乗りこなせるようになれば、香港の市街はおおむねわが庭といった感じで、もうしめたものなのだ。ぜんぶで四千五百台も走っているこの便利な乗りものを、充分利用しないという手はない。小巴は、お客の意志表示があればどこでも停め、またどこでも乗せるのを原則とするが、運行方式がふたつに分れている。

(1)　自由運行車――ボディに赤いライン

(2)　路線運行車――ボディに緑のライン

ふつうの小巴は(1)だが、たとえば中環と山頂を往復する路線とか、銅鑼灣と香港仔を結ぶ路線などを走っているのは(2)で、こちらは路線を独占できるかわりに、お客がいないからといってほかへ回ることはできない。(1)の方はお客と小巴の需給関係をにらんで、あちらこちらと時間帯によって河岸*をかえる。

(1)の小巴はまた、料金も自由競争と市場原理で決まる。少ないお客を多数の小巴で奪いあいになれば値くずれを起こし、雨の日の通勤時間などは強気の料金を設定する。碼頭の前などのほかは、たいていバス通りから一本入った通裏りなどに指定の小巴だまりがあって、ずらっと列になってお客を待っている。**つかまえるのは簡単だが、問題は降りる方だろう。

始発の場合、走り出して少しすると、運転手が前を向いたままなにかどなる。停車地点の希望をとっているのだ。そこでお客はこもごも降りたい地名をどなりかえすのだが、このときは黙っていても平気。いよいよ近づいて、うまく降りる

* ただし，運行禁止区域（たとえば尖沙咀）もあって，路線バスと競合しないように管理されている。

** 定員の14名いっぱいになるまで発車しない。

ひとがあればいっしょに降りてしまうし、その気配がなければ、大声でたった一語どなればよい。「有落*〈やう・ろっ〉!!」これでかならず停まる。料金は表示を見て用意しておき、降りるときに渡す。

なお、小巴が途中でいきなり方角ちがいのわき道へそれて、裏通りをうろうろしはじめてもあわてないこと。お客を拾ったら、またもとの道へひきかえす。

* 落(オ)リルヒト有リ。マーケットのところでなら,「街市〈がい・しい〉有落」。立体交差のところでなら,「天橋〈てぃん・きう〉有落」。

D　タクシーとくるま

同じニッサンのセドリックだというのに、香港の〈的士《タクシー》*　てっ・しい〉はどうしてこう乗りごこちがいいのだろうか？　車体は東京のよりはるかにボロだし、運転手はもっとぶあいそうだが、そんなことはちっとも気にならない。気にならないのは料金が安いからだ。メーターのシステムは、

初乗り――一マイル（一・六キロ）まで二・五元。

その後――〇・二マイル（三二〇メートル）ごとに〇・五元。

つまり、基本料金は百円ちょっと。これは香港の物価水準から見ても、安いといえる。このくらいだと、乗るまえに心臓の薬を飲んでおかなくても平気だ。そのうえ香港はせまいので、タクシーをとばすといってもたかが知れている。海底トンネル**を通りさえしなければ、市街地で十元以上メーターがでることはほとんどない。なにしろ、九龍から廣東省との境界までが、ちょうど東京と川崎の距離にあたる。熱海までとばすつもりだと、省都の廣州市***へ着いてしまう。

さて、料金が安いのはいいとして、問題はつかまえ方だ。碼頭のまえや大通りにあるタクシー乗り場から乗るときは、ただおとなしく列のシッポについて待てばいいが、そうでないところでつかまえるのはひと仕事。これにはちょっとした修練がいる。なにごとも郷に入れば郷にしたがえ。謙虚な気持で香港人のマナーに学び、ルール通りにやることが、バカを見ないコツだ。

* これ以外に白タク――〈白牌車　ぱっ・ぱい・ちぇ〉もあり。

** 割り増料金を10元とられる。

*** できたら愉快だが，ほんとにやったとすれば，料金は1万3～4千円ぐらいになるはず。

ルールはたったひとつしかない。早い者勝ち――。まず、誰よりも先に車道へとびだしていって、まだ停まりきっていないくるまのドアに手をかけ、いっしょに走りながらスキなく身構える。そうやって、よこどりを狙う連中に、まず断固とした不退転の決意を見せる必要がある。香港のルールによると、この段階ではまだ占有権は発生せず、誰かにパッと反対側のドアか助手席のドアをあけて乗りこまれてしまったら、それでおしまい。そういうケースでは、モタモタしていたこちらがバカだということになる。弱気や妥協的な態度は禁物だ。

もし、べつのドアからふたり同時に乗りこんでしまった場合はどうなるかというと、それぞれ行先を告げて、運転手にどちらか選ばせる。このときも運転

暫停載客　OUT OF SERVICE――のサインをだしたくるまが走ってきても，強引に停めてかまわない。乗車拒否するときのいいわけにだしてるだけなのだから。

人力車　〈やん・りっ・ちぇ〉または〈黄包車　うぉん・ぱう・ちぇ〉という。これは日本の大発明。明治時代に中国・東南アジア一帯に輸出され，その後現地でも製作するようになった。いまではもっぱら酔狂な西洋人観光客用。

手は、「こっちのお客が先だ」というような道徳的判断はしないし、またそれを要求しないのがマナー。どうしてもゆずれないとなれば、双方が「五元！」「いや七元！」と、運転手をなかにして正々堂々とわたりあう。しかし、決着がついたら、敗者はいさぎよくくるまをおりなければならない。かねを出した方が勝ち。これは香港では誰もが納得する、きわめて公正なルールだ。

くるま

このせまい香港を走っている自動車の総数は、だいたい二十万台。これを道路の総延長で割ると、道路一キロあたり百九十台ぐらいになる。いまかりにくるま一台の長さを平均三・五メートルとして、車間距離を一・八メートルとると、それだけで香港じゅうの道路はくるまでじゅずつなぎになってしまう。

ロールスロイス Silver Shadow II
4 Door Saloon ねだん／44万元

ジャガー Executive
4.2 litter Saloon
ねだん／13.5万元

50年代のトライアンフ350 CC
こんなのがまだ走っている。中古のイギリス車で千元くらいから。

くるまの絶対数が多すぎるだけでなく、その種類がまた多い。いちばん多いのはここでも日本製だが、ロールスロイス*からチェコのスコダまで、およそ世界の自動車で香港にないものはない。このくるまたちがしでかす駐車違反が年間五十万件。こんなせまい土地にもかかわらず組織的な自動車ドロまでいて、しばしばくるまが忽然と香港から蒸発してしまうこともあるという**。

■くるまの種類と身元調べ

(香港島中環スターフェリー前駐車場ビル／平日PM7：00／総数347台の製造国・種類うちわけ)

〔日　本〕 150	トヨタ(65)　ダットサン(37)　ホンダ(22)　三菱(10)　マツダ(9)　スバル(3)　ダイハツ(3)　いすず(1)
〔西ドイツ〕 77	ベンツ(43)　BMW(18)　ワーゲン(9)　オペル(3)　アウディ(2)　ポルシェ(2)
〔アメリカ〕 39	フォード(29)　ポンティアック(5)　オールズモビル(2)　クライスラー(2)　ビュイック(1)
〔イギリス〕 30	ローバー(5)　ジャガー(5)　MG(4)　モーリス(4)　オースチン(3)　トライアンフ(3)　ベントレー(2)　ロールスロイス(1)　ボクスホール(1)　ヒルマン(1)　アストンマーチン(1)
〔スウェーデン〕 16	ボルボ(15)　サーブ(1)
〔オーストラリア〕 14	ホールデン(14)
〔イタリア〕 11	フィアット(5)　ランチア(3)　アルファロメオ(3)
〔フランス〕 10	プジョー(6)　シトロエン(3)　ルノー(1)

* ロールスロイスの人口あたり密度（？）では，香港が世界一だという。

** 香港で盗まれた自分のくるまを，本土の廣州市でたしかに見たという奇怪な証言もある。ウソかマコトか？

1688——一路發發

まことに不思議なことに、香港のくるまのナンバーは、車体にではなくその所有者に属する。つまり、くるまを買いかえてもナンバーはもとのまま。ということは、ナンバーを見て数字が若ければ、そのひと（の家）はそれだけ古くからくるまを所有していたということになる。反対に、いくらロールスロイスを乗りまわしていても、今年登録したナンバーがついていれば、お里が知れてしまう。

そこでナンバーの売買がはじまり、またそうなると中国人は縁起かつぎが好きだから、縁起のいい牌《ナンバー》——〈靚牌　れん・ぱい〉にも値がつくようになる。かくして香港には、珍商売「ナンバー屋」がりっぱに成り立つようになった。

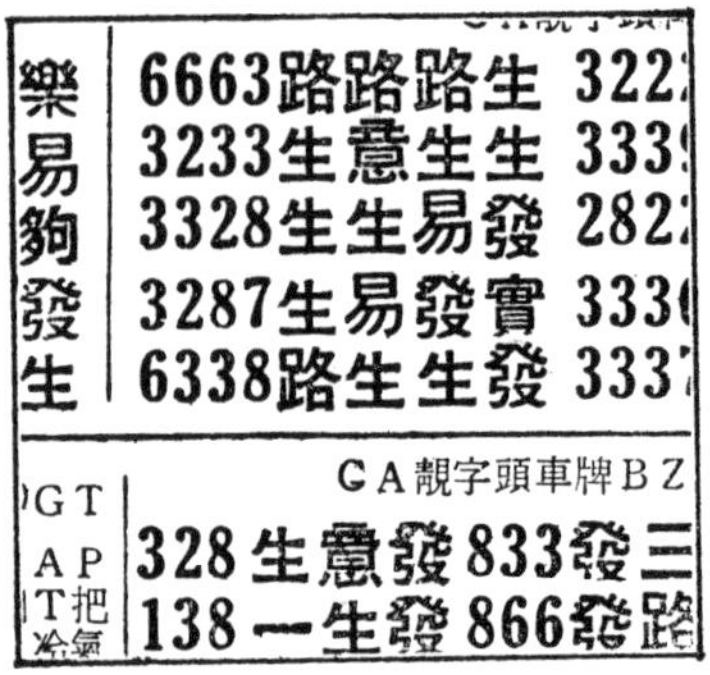

↑ **新聞広告**　〈生意　さん・いー〉は商売のこと。これが〈發發　ふぁっ・ふぁっ〉といけばいいのだが。

↓ **ベンツ**　のスポーツタイプに乗るからには，このくらいのナンバーでないといけない。

第II章/街坊 *gaai-fong*
COMMUNITY

Ⅱ 街坊

■ノート

映画『慕情』の原作者、韓素英（ハン・スーイン）は、かつて香港のことを、

Borrowed place, borrowed time——

借りものの場所と借りものの時間——

そのうえに浮び漂う街だといった。香港はどこへも属さず、自前の地理的空間も持たなければ、自前の歴史的時間も持たない。けれども、この特異な街の気分と不思議な都市空間だけは、まちがいなく香港のオリジナル。香港は都市であって、同時に都市でしかないのだ。

〈街坊　がい・ふぉん〉は、通りのコミュニティー。いわばむこう三軒両どなりで、そこに香港人の人生がある。連中の生活と意見に耳をかたむけ、暮しぶりをのぞいてみることにしよう。

1　人間図鑑

A　パジャマと制服

ホテルの廊下は客室の延長ではありません。ねまきやステテコで歩きまわったりするのは、もってのほかです――と、海外旅行ガイドブックが口をすっぱくしていっているにもかかわらず、日本人観光客がホテルでひんしゅくをかったという話は、香港ではもうニュースにもならない。

しかし、パリやロンドンはともかく、香港の場合はステテコ組に同情すべき点がある。運悪く廊下やロビーで見つかったからひんしゅくをかったのであって、いっそそのままホテルの外まで出てしまえば、あとは大いばりだったのだ。香港の街には、老若男女を問わずパジャマで（もちろん、ネグリジェでも！）出歩いているひとがけっこういるから、おそらく誰も見とがめたりはしない。*

もっとも、いつでもどこでもパジャマで歩きまわっていいというわけではない。たとえば、パジャマでバスに乗っているひとは滅多にいない。フェリーに

* 彌敦道とか皇后大道ではさすがに見かけないが，裏通りにはチラホラ。下町の労働者地区ではあたりまえ，低所得者団地に行けば，パジャマでないのはヨソ者だということになって怪しまれてしまう。

乗っているのも、見たことがない。ということは、パジャマで仕事に行くのは、やっぱりまずいということだろう。そういう不作法な人間は、「まるで日本人みたいなヤツだ」と、ケイベツの対象になるのかもしれない。パジャマの着こなしにも、それなりのT・P・Oというものがあるのだ。

まずT（タイム）としては、やはり夕方以降ということになるだろう。まれに「アフタヌーン・ドレス」（ないしはジャケット）として、まだ日の高いうちから着ているひともいるが、これは邪道。もっとも、「モーニング・コート」として、早朝、公園で大極拳をしたり、その帰りに酒楼で飲茶をしたりするのは、それほど不自然とはみなされない。

パジャマの着こなしがいちばんしっくりとくるP（プレイス）としては、やはり近所の街市《マーケット》とか商店街。夜店をひやかして歩くのもいいし、地元の映画館も、親子づれかなにかで、親子ともどもパジャマというのなら、それで入場してもべつにおかしくはない。つまり、パジャマにふさわしいO（オケイジョン）とは、一日の仕事を終えたあとのプライベートなくつろぎの時間であること。リッチな安らぎのときを演出する、カジュアルでエレガントな一着——それが香港のパジャマなのだ。たんなるねまきだと思ったら大まちがい。

ねまきではないから、たとえ若い娘がパジャマで歩いていてもどうということはない。仕事から帰ったらすぐパジャマに着かえ*、それから食事をし、用があればぶらりと近所へ出る。しかしパジャマで行っていいのはバス停まで。香港人にはそこまでが「うち」の空間、そこから先は「そと」の空間に属する。

* 下町には間借り人が多く，たとえば4DKに4家族が入って，ひと部屋ずつ使っていることがある。DKとバス・トイレは共用なので，どちらにせよパジャマ姿で他人の前に出ないわけにはゆかない。そうなれば，外出するときだけ着がえる理由はない。

制服〈その1〉・おまわり

雑然とした裏通りといちばん親密で相性のいいのがパジャマだとすると、いかにも場ちがいな感じでそこから浮きあがってしまうのが制服である。香港の街はパジャマには寛大だが、制服にはいたって用心深いところがある。向うか

パジャマ娘　夜遅く裏通りのソバ屋などで麵をすすっていると，こういう娘が入ってきて，となりにちょこんと座る。ドキドキする。あわてて箸をとり落とす。手元が狂って鼻で麵を食う。ところが，うわずっているのは当方ひとり。若い男の店員たちをはじめ，誰も特別な関心を示さない。「劣情」をもよおした気配もない。

ら歩いてくるのがパジャマなら、誰も気にはとめない。しかしそれが制服警官の二人組だったとしたら、街の人びとはたくみに無関心をよそおいながら、スキのない一べつを投げかける。

パジャマが、人びとの生活、つまり「私」を代表しているのに対して、制服は社会、つまり「公」を代表する衣服だが、植民地社会の「私」と「公」はどこにも接点を持たない水と油の関係。パジャマと制服はしょせん敵味方で、パジャマの側から見れば、制服はいけすかない人間の筆頭ということになる。

そのいけすかない制服が、香港ではパジャマと同じくらいよく目につく。香港の総人口四百九十万に対して、皇家香港警察*の警官の総数は一万八千五百余名**。人口二百四十人に警官ひとりの割合になり、この比率はロンドンよりも東京よりも高い***。高級幹部はイギリス本国やオーストラリア、ニュージーランドなどからひっぱってきた西洋人だが、ヒラはほとんどすべて地元の中国人。婦人警官もたくさんいて、こちらの方がはるかにキリッとした顔をしている。

警官の質はどうかというと、一九七三年の「ゴッドバー事件****」を機に〈廉政公署〉ができて浄化キャンペーンを始める以前は、上から下まで徹底的に腐敗していた。警官のことをさして〈有牌爛仔〉（公認チンピラ）とまでいったのもこの頃で、麻薬・売春から駐車違反の見のがしまで、警察署ぐるみで介入してあがりを山分けにするようなことも、平気で行なわれていた。

最近では警察ぐるみの腐敗はほとんど影をひそめたが、警官の堕落を根本的に防ぐには、この植民地社会をなくしてしまう以外にない。ちょっと警官の態

* "Royal Hong Kong Police Force"

** ほかにパートタイムの〈皇家香港輔助警察隊〉５千名。

*** ロンドンは282人にひとり。東京は287人にひとり。(1976年)

**** 警察最高幹部のイギリス人ゴッドバーが，麻薬組織と内通してひと財産こしらえ，バレたあと飛行機で高跳びした事件。

度がでかいと、市民はたちまち反発して、「このイヌめ！」と差別的になりがちだが、警官という商売がイギリスの「走狗」だということは、警官本人にも否定のしようがないのだ。そこでいじけて汚職に走るか、よりいっそう攻撃的になるか、どっちにころんでもまた評判を落とし、市民の目はまた冷たくなる。相互不信がこうじた結果、香港の警官はまるで「天才バカボン」のおまわり

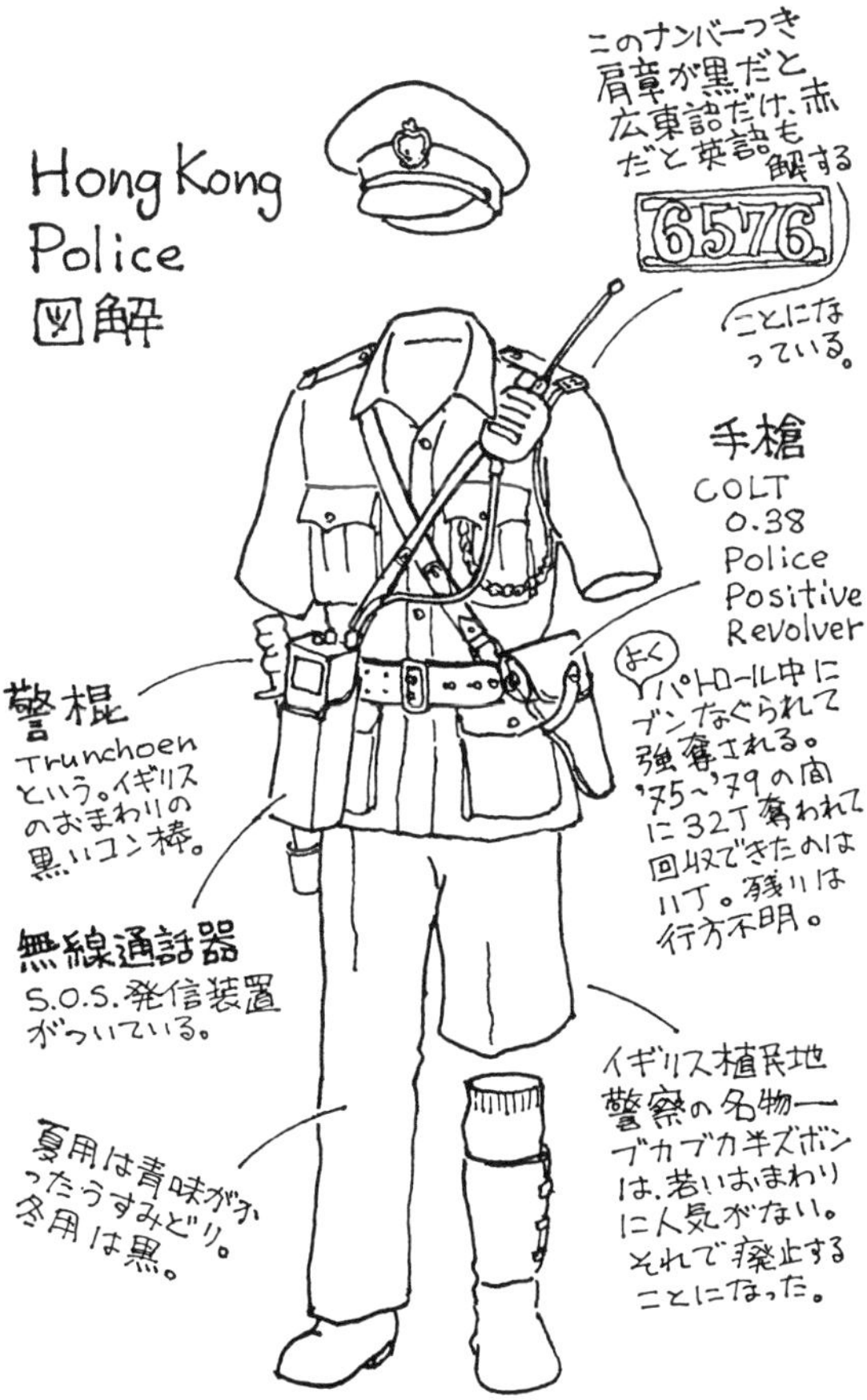

のように、ピストルをぶっぱなすようになった。強盗が多いといってもニューヨークあたりとちがって、相手も銃器を持っているというケースはまだそれほど多くないから、撃つときはたいてい一方的。たとえば、街市《マーケット》をパトロール中の警官と露店商かなにかが、ちょっとしたトラブルを起こす。すると野次馬が寄ってくる。これが日本なら、「犯人」逮捕に協力するようなお調子者が出てこないとも限らないが、香港の野次馬は敵意に満ちておまわりをとり囲む。そこで、孤立した警官は恐怖にかられてぶっぱなしてしまうのだ。悪循環は際限なくくりかえされる*。

こういう香港人の制服ぎらいにほとほと手を焼いた警察は、なにかいい手はないかと頭をひねった末、すばらしいアイデアを思いついた。親から子へ、世代から世代へと受けつがれてゆく反警察感情を断ち切るには、いっそ香港の子供をぜんぶ「警官」にしてしまえばいい。そこで組織されたのが〈少年警訊〉(Junior Police Call)**という一種の「子供警察友の会」で、この「がきデカ」計画は大当り。一九七四年の創設から五年間で、会員はなんと二十五万人に達した。

対象は九歳から十七歳までの少年少女だが、この年齢の人口はぜんぶで約六十万人。単純計算でもざっとその半分を「こまわり君」にしてしまった勘定になる。活動内容は、交通道徳の普及など、「一日一善」式のあたりさわりのないものだが、この「がきデカ」の通報で犯人逮捕につながるケースが毎年けっこうあるから恐ろしい。わが子にいつタレこまれるかも知れず、親父はおちおち家でバクチの相談もできなくなった。

* 1978年に香港島中環で一青年が腹を撃たれて重傷を負った事件は，「正当防衛」でかたづけることができずに社会問題化した。

** 同じタイトルのテレビ番組もあって，ブラウン管から入会をそそのかしている。

パトロール　担当地区の宝石店や銀行を見まわった証拠にサインをしていく冬服のおまわり。

犯罪統計

暗黒都市・犯罪都市としてその名も高い香港は、じっさいに物騒なところなのか、それともじつは大したことないのか。この判定はなかなかむつかしい。年間犯罪統計*にあらわれたおもな数字をひろうと、

搶劫（強盗）	六五二五件……一日あたり十八件
爆窃（あき巣・家宅侵入窃盗）	五五六五件……一日あたり十六件
謀殺及誤殺	五七件
強姦	五五件
非禮女性（強制わいせつ）	八七六件
嚴重毆打（暴力行為）	五〇三九件

　これでも最近は警察がマジメにやっているせいで、犯罪は年々減少傾向にある。強盗がやたらと多いのは、ケチな辻強盗がしょっちゅう出るからで、ほとんどは小遣い銭かせぎのシロウトの仕事。これがすべて本格的な銀行強盗や押し込みだったら、たしかに香港は暗黒都市だ。したがって、強盗に襲われてけがをしたり殺されたりという物騒なケースは、比率のうえではそれほど多くはない。**

　まあその手の小強盗にあったら、運が悪かったとあきらめるべきだ——大方の香港人はすでにそう考えているので、いちいち警察にとどけないこともある。一日十八件という統計の数字は、じっさいより相当少なめだと見た方がよい。

　ある男が朝自宅を出たところ、アパートの階段の下に待ちかまえていた強盗にあった。しかし昼メシ代をとられたていどだから、警察で一日つぶすのもバカら

* 1977年度。

** レジの売り上げ金を狙って，〈牛刀〉かなにかをふりかざした青年が商店に押し入ることはよくある。たとえば香港の各所に支店を持つ〈超羣〉(Marry's) というケーキ店では，これまでに少なくとも30回以上やられているので，もう日常茶飯事。女店員だけなのでねらわれる。

しいと考えてそのまま仕事に行った。ところが翌朝自宅を出ると、また同じところでべつの強盗にあった。男はついにアタマにきて、警察へかけこんだ――。こういう実話が新聞にのるくらい、小強盗はあたりまえになっている。

　そこで、身体安全の「お守り札」ないしは傷害保険として、赤くて縁起のいい百元紙幣を一枚いつも胸のポケットに入れて歩くといい、といわれたこともある。いざというときサッと出せばケガをしないというわけだが、インフレの昨今、「赤札」一枚では生命保険がいいところではないかと水をさすひともいる。

　それが強盗なら、運が悪かったと悟りを開くこともできるが、性犯罪はそうはゆかない。強姦や非禮女性はむしろ増加傾向*にあり、これにはあきらめのいい香港人も戦々兢々としている。なにしろ新聞の見出しには連日、〈女學生遭色魔蹂躪／梯間留下點點血漬〉だとか、〈女収銀員《レジ》惨遭輪姦〉などのどぎつい文字が踊り、はては〈淫賊強迫少女口交／大力咬下負創而逃／警方注意醫院下體受傷男子〉なんていう、読んでいて痛みを覚えるようなのまである。まことに心臓に悪い。

　強盗や性犯罪から身を守るには、一定の条件に身を置かないようこころがけるのがコツだが、狭い香港では、コレコレの地区がとくに危険だというめやすはない。市街地ならどこでも同じようなもの。むしろちょっとした街の死角が危ない。裏通りに面したアパートや雑居ビルの階段の暗がりとかエレベーターのなかなど、人目からさえぎられた場所でひとりになるような条件をつくらないことだ。

　したがって、通りをぶらついているだけの旅行者には、いちおうこれは無縁な話。ホテルのなかもきわめて安全だから、結局、しわよせは生活のためにそういう条件に身をさらさざるをえない階層の香港人のところへゆく。旅行者はトラの子をスリ**にやられないよう、せいぜいびくびくしていればいいのだ。

＊ この手の事件は実数をつかむのがむつかしいが，少なくとも統計の5倍はあるだろうと警察も認める。

＊＊ スリの最大のお得意は日本人。近藤竜夫著『国際都市香港の昼と夜』（朝日ソノラマ）によると，25人にひとりがスリにあい，被害額は年間3億円。調査に派遣された警察庁の係官6人のうち3人が，またすられた。

制服〈そのII〉・女学生

ピストルをぶらさげた制服とすれちがうのはゾッとしないが、それが女学生の白い制服となると、話はまたべつ。これなら通行人すべてが制服でもいっこうにかまわないという気持にさえなる。どぎつさとうす汚さとでみごとに統一された通りの風景のなかで、制服の少女たちは目にこころよい「異物」だ。*

「不良」少女の見分け方は，①パーマネントをかけている。②ちょっと変った手提げ袋をもっている。と，ここまでは日本と同じだが，③スカート丈がふつうより短い。――のは正反対。香港の「不良」少女の方が，ものの考え方が健全で好ましいといえる。

* 制服の少年たちは，ただの「異物」なので，本書ではとりあげないことにする。

香港の女学生の制服は、だいたい次の三種に分類される。

(1) 白・半袖ワンピース型

(2) 長衫〈ちょん・さむ〉——チャイナドレス型

(3) ブラウス・ネクタイ・灰色スカート型

いちばんポピュラーなのは(1)で、日本ならセーラー服をすぐ思い浮かべるように、これが香港の女学生のステレオタイプ。色はふつう白と決っている。(2)の長衫はぐっと少なくなるが、詰めえりの中国風ワンピース。すその両側にはちゃんとスリットも入っているので、目にこころよいというひともいる。色はブルーもある。(3)はイギリスの制服の直輸入。古くさいおし着せという感じでパッとしないし、香港娘にはあまり似合わないと思う。

制服はたいてい中学校《セコンダリー・スクール》[*]（五年制）の生徒で、年齢は十二、三歳から十七、八歳ぐらいまで。同じ服を小学生も着ていることがある。ワンピース型についていえば、小学校低学年にはマセた感じだが、中学校最上級の早熟娘たちには、こんどは子供っぽすぎて発育のいい中味とつりあわない。もっとも、そこが目にこころよいのだと熱心に主張するひともないわけではない。

中学校の八割は〈英文中學〉だが、その場合「国語」以外の授業はすべて英語。生徒たちは「ベティー」とか「エミー」とかの英名[**]で呼ばれ、おたがいもそう呼びあう。幼時から英名を持っている少数のクリスチャン家庭の子以外は、中学に入ったとき教師がつけてくれたか、自分で勝手に考えたかだ。肉マンが好物のマリリンもいれば、ギョーザが好きなオードリーもいる。

* 〈英文中學〉〈中文中學〉〈工業中學〉〈職業先修學校〉の４種。５年を終えると，資格検定試験〈香港中學會考〉の受験資格ができる。大学進学組はその後１年間の進学コース（中６）へ進む。やっと1977年から中３まで義務化された。

** 植民地的習慣であること以外に，実際のメリットもある。ひとクラスに〈陳〉と〈黄〉が10人ずつもいるので，中国名では非能率。

オンナノコロジー

出　生　廣東省
年　齢　21歳
職　業　売り子
月　収　1500元

〈持ち物〉

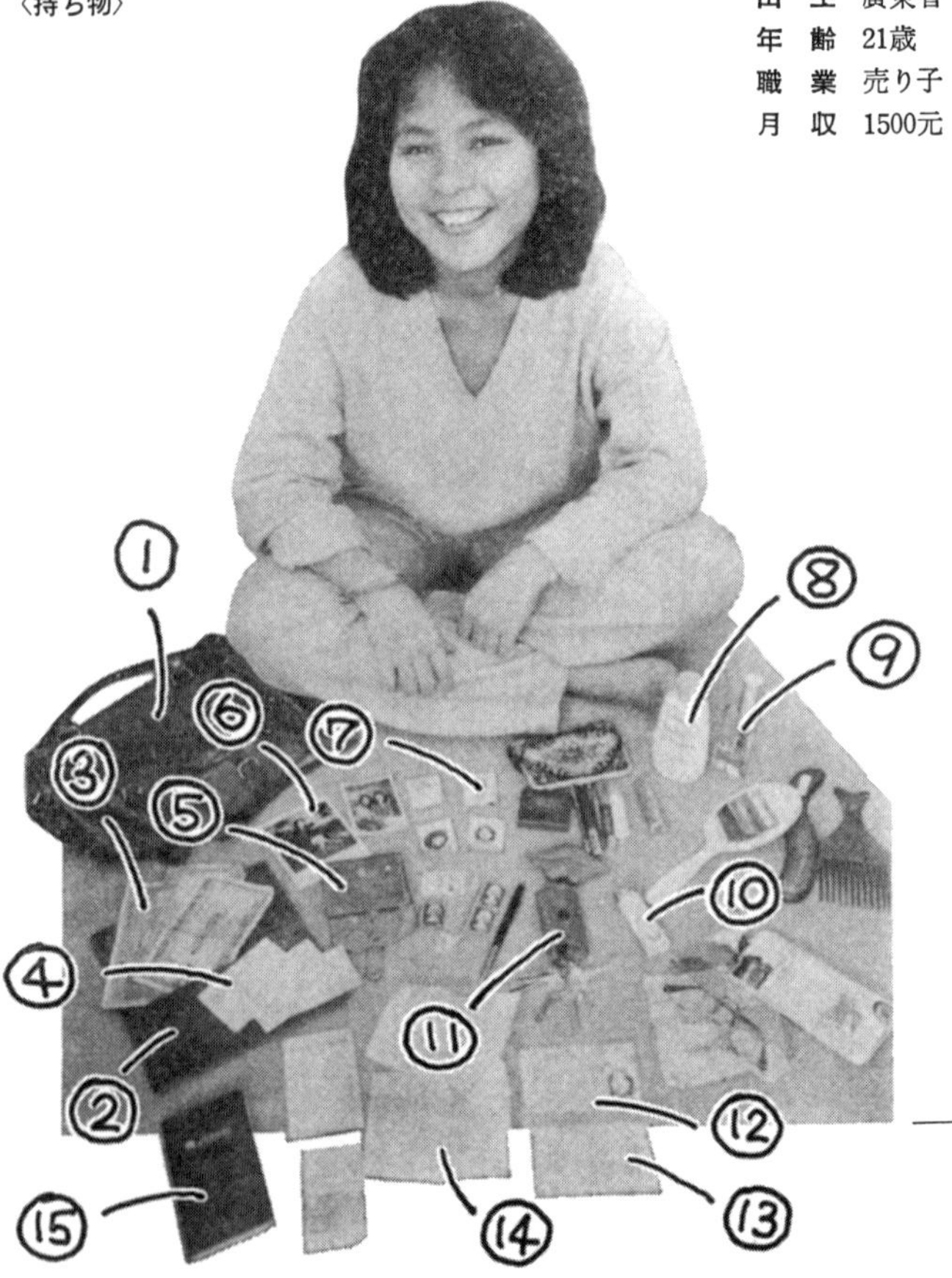

〈自然主義〉

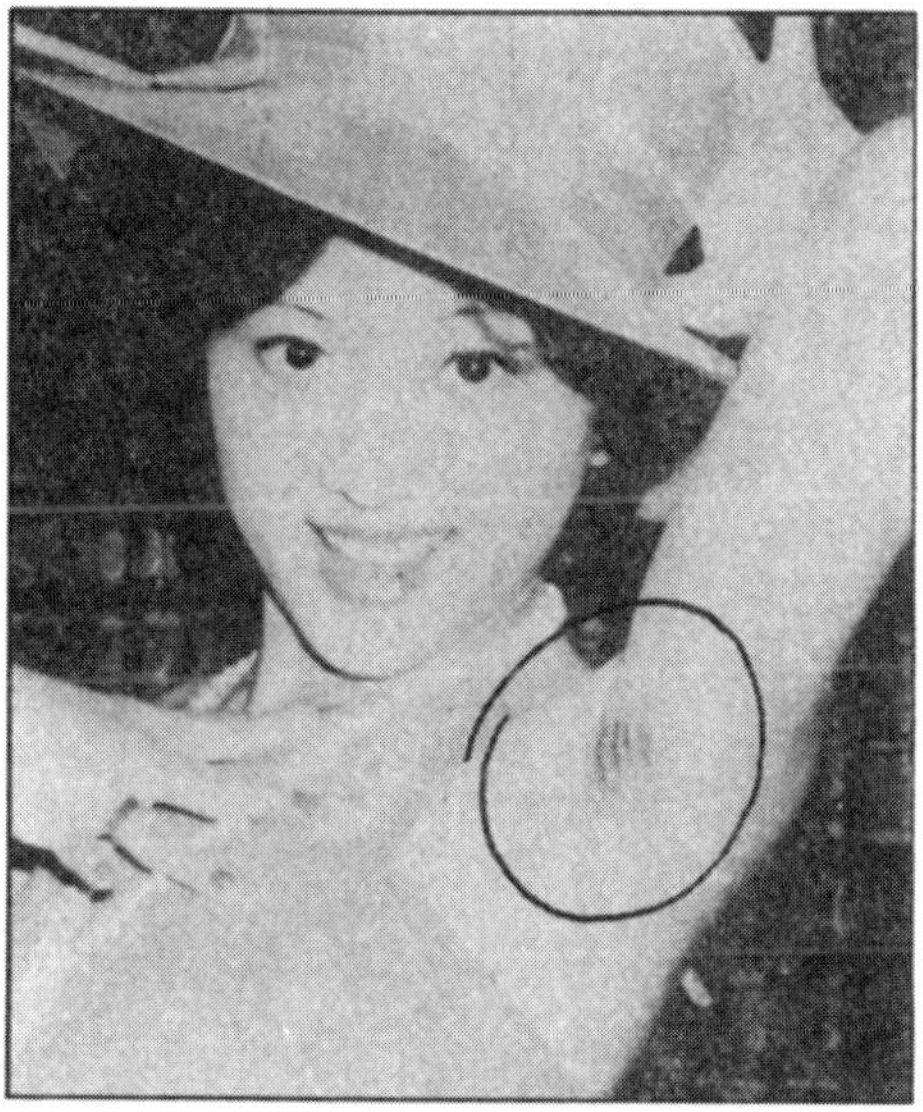

①〈手袋〉（バッグ）
②〈銀包〉（さいふ）
③現金 250 元
④もらった名刺
⑤小銭入れ
⑥ポラロイド写真
⑦三分間写真
⑧ベビーローション
⑨オーデコロン（コティ）
⑩ＪＡＬの百円ライター
⑪キイ（自宅・店・恋人宅）
⑫免許証（二輪）
⑬身份證
⑭貸本（カンフー小説）の札
⑮手帳

〈避孕丸*〉

どういうわけか　香港（中国）の文化は，腋毛に偏見を持っていないみたいだ。タレントの廖安麗さんも映画雑誌のグラビアで堂々とこの通り。自然のまんまがいいというのなら，これはりっぱな考え。

＊ ピル。右ページの写真をとってしまってから，エヘヘとバッグのポケットからとりだした。自由に買えるが，誰でも使っているわけではない。この娘は特別すすんでいるのだろう。

B　徴友小姐

三人にひとり

香港中文大學の調査報告によると、香港ではざっと十二万から十四万人くらいの女のひとが接客を業としていて、* このうち三万人余りは〈全職妓女〉、つまりパートではなくフルタイムのプロ** だという。

さらに、この三万人が、毎晩ひとりで十五人以上の客をとる。少し多すぎやしないかと思うのだが、この報告がほんとうだとすると、ひと晩に客となる男のトータルは四十五万人。このうちかりに五万人を観光客と旅行者、つまりヨソ者として除外すると、残りは四十万人*** でこれが地元香港の男どもだ。

ひとくちに四十万人というけれども、この数字は香港の成人男子人口のほぼ三分の一にあたる。ということは、香港男が三人いると、毎晩そのうちのひとりはかならず悪いことをしにでかけるというかんじょうになるのだが、ほんとのことだろうか?

カメとニワトリ

通りを歩いている限りでは、香港はむしろそういう気分がきわめて希薄な街だという気がする。ひと目でそれとわかる女のひとが街角にたたずんでいるわ

* 〈舞廳〉（ダンスホール），〈無上装〉（トップレスバー）etc. ……。〈夜總會〉（ナイトクラブ）は一部を除いて家族連れでゆける健全なところで，女ッ気なし。

** 香港では，公娼・私娼その他ほとんど全面的に非合法，ホントは。

*** ひと晩にざっと4500万元の金を，この目的のために落としている。

けでもないし、*よほどモノ欲しそうにしていても、ポン引きが声をかけてくれることはめったにない。この点では、韓国や台湾や東南アジアのふつうの「買春観光」都市とはずいぶん勝手がちがう。夜の街をぶらついていてもさっぱりはりあいがない、というひともいる。**

　例外は日本人団体客が泊る大ホテルの前の通りで、アミをはっているポン引きが、日本人とみると秘密めかせてすり寄ってくることがある。日本人のゆくところ、確実に需要があるからだ。このポン引きのことを「カメ」＝〈龜公***くゎい・くん〉という。「モシモシ」とやってくるからだろう。

　このカメの背中に乗って、たいていは歩いて二、三分のところにあるビルのなかの龍宮城へ案内されるのだが、そこで待っているのは乙姫さまではなくて「ニワトリ」である。

　いっぱんに、この手の職業で生計をたてている女のひとのことを〈鶏　がい〉と呼んでいる。むろんカメもニワトリも悪意ある差別用語だから、当の本人に面とむかっていったら、はりたおされてしまう。

　この「トリ・カメ」方式は、経済学的にいえばもっとも原始的な狩猟採取段階なので、不安定で能率が悪い。したがって今日では、ほかに生産性の高い方式を使えない観光客部門にだけ、おもに生き残っている。合理化の遅れているぶんは、当然コストにはねかえってくるわけだが、それでもせいいっぱいの良心的な経営努力はしている――とグチまじりにある観光客専門の「カメ」先生が公開してくれた事業内容を次にあげておく。

* “ストリート・ウォーキング”は禁止されている。

** この産業の外貨獲得への貢献度は，香港では高くない。

*** ベルトをひっぱるところから〈拉皮條　らっ・ぺい・ていう〉とも。

ニワトリ——五羽（中国産四、フィリピン混血一）
単位時間——約三十〜四十分*
料　金——百六十元均一（ただし混血は十元増し）
分　配——ニワトリ九十元（別にチップ収入あり）、カメ三十五元、あいまい宿の主人三十五元（場所提供料）
客スジ——①日本人、②インド・東南アジア人、③欧米人
狙い目——ホテルからブラリと五、六人ででてきた日本人を、団体で。

新機軸

「トリ・カメ」のようにむこうから声をかけてくる方式をオープンシステムとすれば、こちらからコンタクトをとる方式がクローズドシステムで、現在の香港では後者の方が主流。なかでも次の三つが、新しい趣向の営業形態として、チエのあるところをみせている。

(1)　女子美髪廳〈のい・ちー・めい・ふぁっ・てぃん〉

女の理容師だけによる床屋。看板も床屋みたいだし、例の青赤白のクルクル回るサイン**もでているが、内部は薄暗い。クシもハサミも使わずに素手で仕事をするらしい。美人がそろっていればたしかに「ビューティーパーラー」だが、大年増ばかりなら「婆婆ショップ」。

(2)　伴遊公司〈ぷん・やう・くん・しい〉

「美しく教養あるエスコートが英語であなたのガイドをつとめ、ダンスとお食

* これはいちおうの目やす。時間の長短にかかわらず「1回」ということで，そこが実質本位の香港の良心的なところだと，カメ先生は力説。

** 青赤白のストライプがふつうの床屋のよりせまく，かつ回転が速め——これが見分けるポイントだという説もある。

事（ここまで！）のお相手をします」という、もともとあった西洋人観光客用のエスコートクラブがモデル。そのシステムを広く香港人にも利用できるように改良したのがこれ。およそ観光とは縁もゆかりもなさそうな場末のビルにも看板がでていて、ガイドをしてほしくもないし、ダンスとお食事もいらないという、不思議な「地元の観光客」が階段をのぼる。

所定の時間料金*を払ってエスコート**を連れだしたら、むろんお食事にいったってかまわないが、ふつうつれだって歩く距離と時間は必要最少限に切りつめられる。長くても数百メートル、短い場合はたった数メートル。というのは、伴遊公司と連れこみホテルは、しばしば同じビルの同じ階に並んでいる（というか、ホテルの一角にオフィスがある）ことがあるからで、これだと連れだすことにもならない。汚い廊下をとなりのドアまで、せいぜいゆっくりとエスコートしてもらうしかない。

(3)　徵友小姐〈ちん・やう・しう・ちえ〉

〈徵友〉は「友ヲ徵ス」、つまり「お友だちが欲しいの」ということ。図版のような広告を堂々と新聞にだして、毎日新しい友だちが訪ねてくるのを自宅でこころ待ちにしているのが、この徵友小姐***。「ペンパル求む」という広告はむかしからあるわけだから、せまい香港のこと、直接きてちょうだいという広告があっても、おかしいとはいえない。

徵友小姐方式が案出されたのはそう以前のことではないが、たちまち急成長をとげただけあって、アイデアはじつに卓抜だ。過密といっていいほど高度に

* 〈大鐘〉という時間のユニットを使う。1大鐘は約40分。

** ミもフタもない表現だと〈伴遊女郎〉。

*** 〈一樓一女〉〈一人一架式〉ともいう。要は自主営業のかたちをとって，法網をくぐりぬけようということ。

徵友広告　のっているのは，〈勝報〉〈今日報〉〈大字報〉（！）などの三流日刊紙。なぜか一面のトップは毎日色刷りのヌードで，内容がわかりやすい。**用語解説**——〈靚女〉＝美女，〈國際身材〉＝グラマー，〈法式服務〉＝フランス式サービス（？），〈書院校花〉＝女子校の花，〈正學生妹〉＝ホンモノ女学生。〈青春玉女〉とか〈風情少婦〉なんてのはいいけれど，〈熱門小姐〉，〈全能武藝十八般〉になると，ちょっと足がすくんでしまう。

発達した日刊新聞メディアと、街のせまさからくる足の便のよさという香港のメリットを十二分に生かして、しかも文句なく合法的。おまけに自宅でそのまま開業*できるのだから、投下資本は最少ですむ。

もっとも、ただひとつの、そして最大の問題点は、見ず知らずの男を女のひとり住いの家へあげなければならないことだが、これは香港では無謀すぎてほとんど自殺行為にひとしい。案の定あちこちでトラブルが続出している。

〈新聞記事〉

「昨日下午《ごご》四時許《ごろ》、灣仔ノ駱克道《ロック・ロード》三×八號ニ一名全身赤裸的年青《としわかき》女子有リ、樓梯間《ビルのかいだん》ニ在リテ奔來奔去《はしりまはる》。女性ノ住客《にん》ハ敢ヘテ手ヲ援《さしのべ》ズ、男性ノ住客ハ頻説《がやがや》ス∵『咁都有嘅《いったいなんだ》？』ト――」

日本風に見出しをつければ、「徴友小姐ご難　アパートは大騒ぎ」というところだが、訪ねてきた友人が突然強盗にヘンシンする。こういう平気で友情を踏みにじる悪い男友だちの出現に泣く小姐が、あとをたたない。

おカミとかかわりになるくらいなら、強盗にあった方がマシ。――この香港社会の古いチエを、まず第一のいましめとしなければならないのがこうした弱い立場の世渡りだし、もともと小姐たちに失うべきものはなにもない。

朋《とも》アリ、新聞見テ来タル。亦《ま》タ哀シカラズヤ――

* もっとも，たいてい黒社會がウラで糸を引いているが。

香港娼家事始

香港やシンガポール、マレーなどのイギリス植民地では、早くから政策的に公娼制度がととのえられていた。記録に残る香港の娼家は、すくなくとも一八五一年までさかのぼることができる。岩だらけの島に植民地ができて、ちょうど十年後。この手の商売はどこでもまっ先に出現するのがつねだから、これより早いものもあったにちがいない。

ともあれ植民地の西洋人と船乗りを相手に最初の娼家を開業したのは、ミセス・ランドールという西洋人のおばさんで、ところは香港島上環の擺花街（リンドハースト・テラス）だった。当時の英語「かわら版」に、その開業広告がでている。

HONEY At Mrs. Randall's——a small quantity of Good HONEY in small jars; also GIN, BRANDY, SHERRY, PORT, CHAMPAGNE, CLARET, BOTTLED BEER, PORTER, etc. etc.

Lyndhurst Terrace,
Victoria, 12th June, 1851.

〈はちみつ〉——ちっちゃな壺に入った上等のはちみつがちょっぴり、ランドール夫人のもとにアリ。ジン、ブランデー、シェリー、ポルト、シャンペン、ワイン、びん詰めビール、黒ビールなど、なども。

リンドハースト・テラス
ビクトリア市　一八五一年六月十二日

ちっちゃなつぼに入った、上等のはちみつが、ちょっぴり——というのは、なかなか思わせぶりな広告コピーだが、ビクトリア時代の「紳士」連には、けっこうこれがどぎつい殺し文句だったのかも知れない。「ランドール夫人の」家は、当時流行のビクトリア趣味をふんだんに取り入れたつくりで、いわゆるデラックスな社交場の雰囲気を売りものにしていたらしい。

　さて、そのつぎに登場するのが、なんとわが日本の「からゆきさん」たちである。娘のほとんどは、九州の島原と天草の出身で、明治の二十年代には、すでに相当数が外国船で密航してきていた。

　当時、洋行の途中香港に寄港した大橋乙羽という国文学者の先生は、これら日本娘の姿に大フンガイして、（そのわりには観察こまかく）こう書いている。

「公園（香港島の植物園）を出でゝまた街頭を徘徊し、一の写真屋に入るに、突如として、日本の醜業婦三人、階を上り来れり。その風俗を瞥見するに、肥えたるもの、痩せたるもの、眉間に梅毒の発疹あるもの、艶無き髪を馬糞の如く束ね紺飛白《がすり》の単衣《ひとえ》に、白き木綿の片《きれ》を巻き、臼大の臀《しり》をあらわして、紺足袋に麻裏草履揚々として、情夫と共に撮影せる写真に見惚《と》るゝが如き、言語道断といふべきなり。抑《そもそ》も日本の領事館は何が如に設けられあるや、われはただ醜業婦を禁止せよとは云はず、*その風俗の斯くの如きを見るに至りては、国躰を辱しむるの酷《はなは》だしきものに非ずや。局に当る者の注意すべきなり」

　公娼制度は一九三二年に廃止されたが、その後もこの業界と日本はよくよく縁が深い。一九四一年から香港を占領した日本軍が、香港島の灣仔と九龍の旺角に設けた「慰安所」は、香港史上最大の「娼家」だった。

* ずいぶん勝手なリクツだが，かの福沢諭吉も「からゆきさん」に賛成の立場をとっていたらしい。

2　香港人たち

A　身份證

香港の全人口のうち、九八・五パーセントは中国人によって占められている。非中国人は、ぜんぶ寄せ集めても七万人ていど*。かんじんのイギリス人はたったの二万人で、人口比率は〇・五パーセントに満たない。この数字は、日本の在日朝鮮人の比率よりまだ低い。だから、中心街からはなれた下町をたまたま西洋人が歩いていようものなら、子供がゆびさして、「あっ、ガイジンだ！」。

　たしかに香港は「国際都市」ではあるけれども、いわゆる「多人種社会」ではない。中国人による純然たる中国人社会があるばかりなのだ。

　そこで、これら中国人のことを「香港人」と呼ぶわけだが、このことばにはなんとなく落着きの悪い響きがある。英語になおしても、「ホンコニーズ」や「ホンコニアン」ではピンとこないし、当の香港人が自分たちのことを「香港人」とはめったにいわない。ふつうは、ただ「中国人」といっている。

* インド人7800，アメリカ人6700，オーストラリア人5000，ポルトガル人3800，パキスタン人3700，フィリピン人3200，シンガポール人2900，カナダ人2400，インドネシア人1600，ドイツ人1200，日本人1100——など。(1976年)

「――どの男もすっかり土地のものらしいようすを漂わせているにもかかわらず、心では短期滞在者であり、華南のどこそこの村の生れだと主張し、この植民地に属していることを否定する。実際は一生ここで働き、ときには子供もここで生まれ、さらには彼自身ここの生まれである場合すらあるにもかかわらず、あくまで一時の通行者という身分にこだわるのだ」（ハン・スーイン『慕情』深町真理子訳・角川文庫）

三十年前にハン・スーインが描いたこういう「香港の中国人《ホンコン・チャイニーズ》」像は、香港生まれの新しい世代が五割をこえた今日、すでにいささか古いタイプになった。しかし、だからといって自覚的な「香港人」が育ちつつあるということではなく、これから先も香港人は、自分のことをたぶん中国人と呼びつづけるにちがいない。なぜなら、香港は誰が見たって中国の一角にある都市なのだから。

香港人を出身地別に見ると、そのほとんどは廣東省で、さらにそれをこまかく分けると、ほぼ四つのグループになる。最大グループは、廣州とその近郊からきた、いわゆる地元の〈廣東人　くぅん・とぅん・やん〉。次が香港の西、珠江デルタ西岸一帯の〈四邑　せい・や〉と呼ばれる地域からきた連中。

三番目が〈潮州人　ちう・ちゃう・やん〉（または〈鶴佬　ほっ・ろう〉）で、このグループは廣東省の東のはずれ、福建省に近い潮州や汕頭のあたりからきた。最後のひとつは、〈客家　はっ・か〉と呼ばれるグループだが、ほかの三つとはずいぶんちがった特異な文化と生活様式をもっている。そして、マイノリティー・グループは、いちおう広東（標準）語を共通語にしながら、内部ではそれぞれ相互にほとんど通じない方言*を話している。

* 第一使用言語による香港の言語（方言）人口比率は，①広東（標準）語88.1%，②潮州方言 4.2%，③客家方言 2.7%，④北京語・上海語・その他 2.3%，⑤非中国語（英語・その他）1.5%，⑥四邑方言1.2%。

ステイタス

では、こういう雑多な人びとからなる香港人とは、ほんとうのところいったいナニ人なのか？　香港の中国人のステイタスは、次のどちらかである。

(1)　英籍——British subject

(2)　中国籍——Chinese

この身分が少々わかりにくい。(1)はイギリス国籍そのものではなく、いうなれば「イギリス植民地籍」。たとえばこの身分だと、（イギリス人にもかかわらず！）本国へ移住する自由はない。イギリスは出生地主義をとっているので、

客家　ヒラヒラのついたかぶりものが特徴。3～4世紀の頃，華北から移動してきた民族といわれる。現在，中国西南部と廣東省に2500万人，香港では新界で農業をいとなむ。洪秀全など，太平天国の指導者たちも客家の出身だったという。

身份證

香港で生まれた（出生証明のある）人間は、自動的に(1)として登録される。(2)がこれまた奇妙な身分で、いうなれば「国籍なき中国国民」。中華人民共和国籍でもなければ台湾籍でもない、ただの「中国」人なのだ。人民中国から出てきた合法移民や不法移民（いわゆる難民）たちが、こちらの身分に属する。しかし(1)でも(2)でも香港「市民」としての待遇に差別はない。*

それでは「市民」になるにはどうしたらいいのかというと、香港政庁に申請して〈身份證　さん・ふぁん・つぃん〉の発給を受けることが必要。身份證には、成人用（青）と子供用（赤）があり、ステイタスの記載とともに本人の写真がプラスチックのシートに封じこまれている。善良なる香港人はいつもそれを持ち歩くことが義務づけられていて、この吹けばとぶようなたった一枚のカードが、ひとりの中国人を香港人という地位にからくもつなぎとめている。

B　不法移民

中国本土に暮している中国人が、なにか事情があって「香港人」になりたいと決心した場合、とるべき手段はふたつばかり考えられる。

(1)　合法移民――として、正規の手続きをへて、香港への〈出境証〉をとる。

* パスポートをとるときは，べつ。(1)の場合は英国パスポート（ただし 香港人用）。しかし(2)の場合は C. I.(Certificate of Identity) という擬似パスポートしかとれない。

(2)　不法移民——として、ひそかに境界をこえて、香港へもぐりこむ。

中国人の本土と香港の往来は、イギリスが清国と結んだ条約（「中国人の居住は自由」という一項がある）によって、戦前まではまったくなんでもないことだった。そして人民中国が成立してからあとも、シブシブながら中国が移民を送り出し、それをイギリスもシブシブ受け入れるというかたちで、一方通行のままこの関係はつづいた。というのも、中国側のたてまえでは香港は自国の領土。そこへ自国民が「移住」したいというのを禁止したのではスジが通らない。またイギリスはイギリスで、清国と結んだ条約がいまだに有効というたてまえで香港を領有しているのだから、「居住の自由」を禁止したら、自分の方から条約をホゴにしてしまうことになる。それでは、どちらもまずいのだ。

　そこで両方の合意のもとに、(1)のシステムができあがった。しかしこれはかなりの狭き門で、条件がきびしいうえにひどく時間がかかる。中国は小だしにして、イギリスはなるべくちょっとずつ受け入れるということにすれば、双方につごうがいいからだ。* したがって、はじめから条件にあわないひとや待っていられないひとは、(1)を断念せざるをえない。あとは(2)だけだ。

　ところがこの(2)も、以前とちがって最近はひどくきびしいものになった。いったん香港にたどりついても、新界の山や海岸のあたりでうろうろしているところを発見された場合は、つかまって送りかえされてしまう。** 無事に香港にいる家族か親戚のもとへころがりこむか、市街地にもぐりこんで居住の既成事実をつくってしまうまでは、セーフにはならないのだ。このどちらかの条件を満

* 毎日一定の人数だけを受け入れる。1976〜78年は，年間２〜３万人ていど。1979年は激増。年々ふえてゆく傾向にある。

** 1979年秋のある日には，１日で数千人もつかまった。「お彼岸」で新界に墓参りにくる香港市民にまぎれこんで市街へ潜入しようというこんたん。

たした不法移民だけが、晴れて身份證を手にすることができる。*

こうして、数万の合法・不法移民が毎年香港へやってきてそのまま住みついている。ただでさえ爆発寸前の人口密度をかかえる香港が、中国からの移民だけで毎年一パーセントずつ人口をふやしているのだから、その将来は考えただけで空恐ろしい。増加する一パーセントが赤ん坊ならまだいい。しかしこの一パーセントは、香港人になったすぐその年にも子供をつくりはじめるのだ。

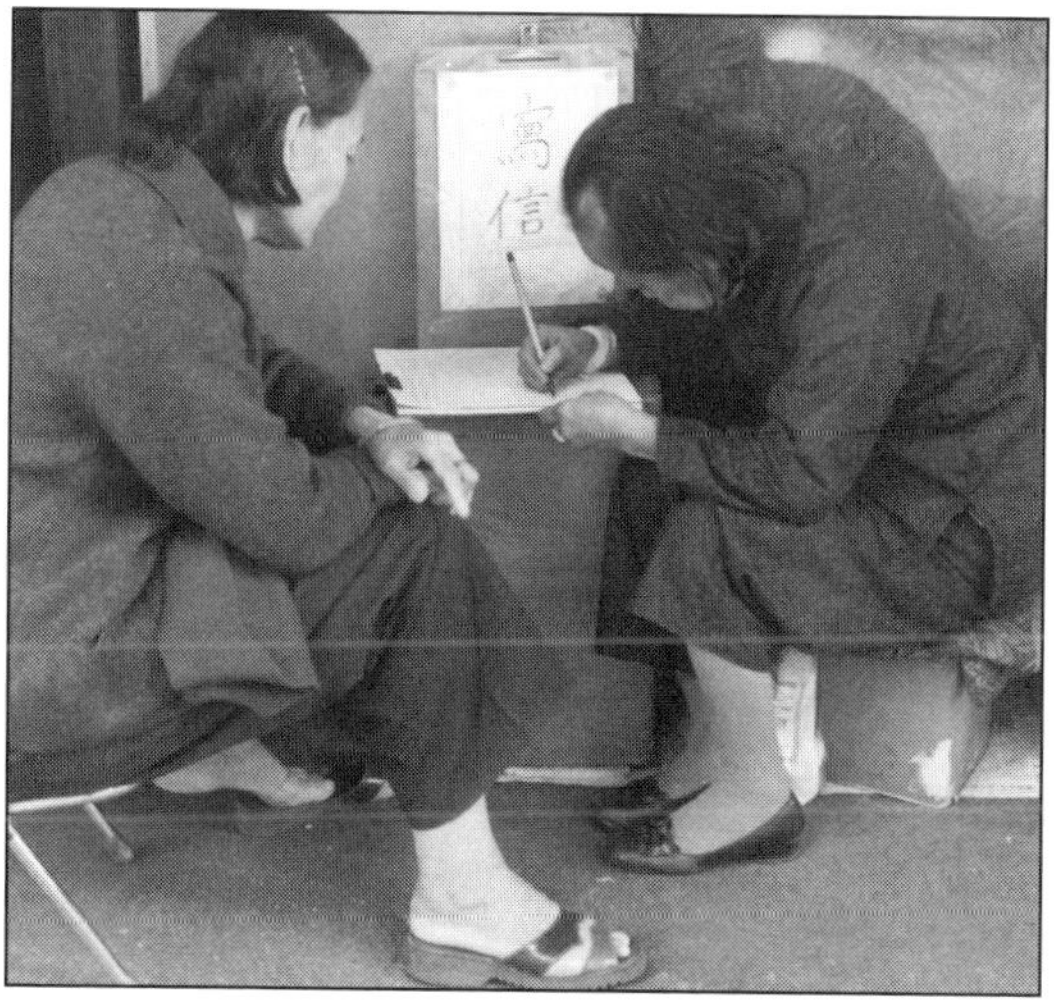

代筆おばさん　古い世代にはまだ文盲が少なくない。その一方で香港人はいつも手紙をやりとりする必要にせまられる。長男は本土，次男はサンフランシスコ，長女はカナダなどという離散家族が多いからだ。そこで路上の〈写信〉——手紙書き屋がたよりにされる。身の上話をきくのも仕事のうち。

* 1977年は6579人，1978年は２万2321人，1979年は上半期で約３万人の不法移民が身份證を申請した。

越境マニュアル

不法移民たちが香港側へ越境・潜入するルートは、東、西、中、と大きく分けて三つある。廣東省寶安縣と香港が深圳河をはさんで接する境界線*の長さは、陸上部でおよそ十五キロ。その中央を横切る九廣鐵路から東側の地域で越境するルートを〈東線〉、西側のルートを〈西線〉、そして中央突破のルートを〈中線〉という。もっとも、東線と西線の場合は海上ルートが主流で、入江や湾を泳ぎ渡って、対岸（または島）の香港領へもぐりこむ。

中国側と香港側双方の監視がきびしい陸上ルートにくらべれば、海上ルートは成功のチャンスは大きいが、それだけ危険も高い。山中をさまよって疲れ果てたからだで、ときには七時間から八時間も深夜の海を泳ぎつづけなければならないし、季節によってはサメもでる。よほどの覚悟がないと、できることではない。

そのためには周到な計画と準備が必要になってくるが、廣州市あたりでは、アングラの口コミが発達しているし、場合によっては香港で待つ家族や親類の手引きもある。香港側でプロの「密出国屋」をやとうこともできる。

決行にあたって、不法移民たちはおおよそ次のような装備**をととのえる。その涙ぐましい創意と工夫には、まさに自力更生の美しい作風が生きている。

(1)〈地図〉　中国では国内の地図さえ入手がむつかしいほどだから、香港の地図は貴重品で、ヤミ値がつく。それもオリジナルはめったになく、複写のまた複写。ゼロックスなんかないから、手で写す。したがって不正確きわまりない。

(2)〈磁石〉　山中をときには一週間以上も歩くことがあるので、絶対に必要だ

* 境界線の香港側に幅１キロの〈禁區〉が設けられている。この立入禁止区域に入るには許可証がいる。

** 以前はまったくなかったことだが，最近は香港側でつかまえてみると，ナイフや包丁などの武器を隠し持っていることがある。

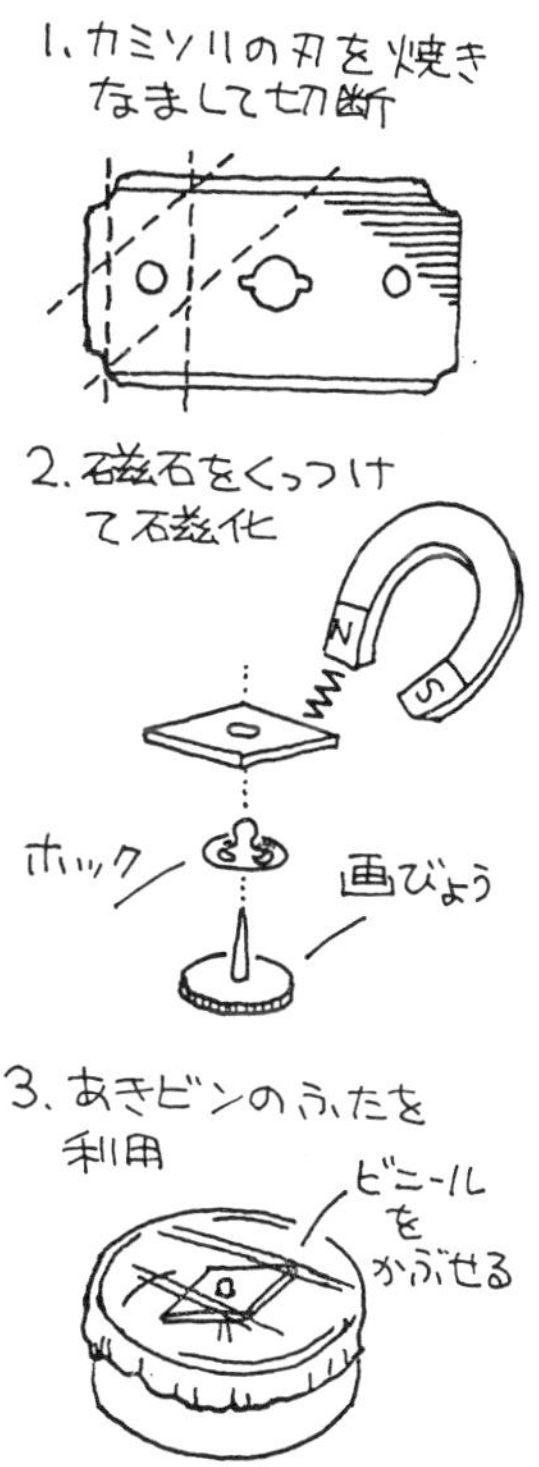

が、ふつうは売っていない。そこで、右の図のようにして自作する。

(3) 〈浮き袋〉 本物の浮き輪は手に入らないし、途中で検問を受けたときにやばいからだめ。代用品として、病人が使うゴムの水枕、またはバレーボールやサッカーのボール*(のなかのゴムだけ)を手に入れる。それもないときは、しかたがないから〈避孕套〉**をかき集めて使う。これは中国ではタダ同然。

(4) 〈携帯食〉 いろいろアイデアをこらすが、たまごと砂糖と小麦粉でつくった中国風パイをこしらえることもある。小さくて高カロリー。水に濡れてもいいように、ビニールでしっかりくるんでおく。

(5) 〈服装〉 目立たないかっこうが第一。泳ぐときのために半ズボンも用意し、持ちものは小さくまとめてズックの肩かけかばんひとつにパックする。

(6) 〈おかね〉 帰郷した華僑などから香港元を手に入れておくと、越境直後に誰かに見つかったとき、口どめ料をだして安全を買える。

* この手の浮き袋に転用可能な品物は，本土の境界地帯では〈禁品〉に指定されていて，入手困難。

** コンドーム。たくさんふくらませてシャツでくるめば，りっぱに浮き輪の役に立つ。中国製は厚くて(!)じょうぶ。

掘っ立て小屋

香港島の一部と九龍の獅子山のふもとには，こういう「違法建築」群がある。建て売りもちゃんとあって，一軒5～6千元ぐらいから。

公共屋邨（団地）

もっとも初期に建てられたタイプ（いわゆる難民アパート。留置場風のワンルーム）で，風呂・水・トイレすべて共同。家賃は40～50元から。古いものから改装がすすんでいる。

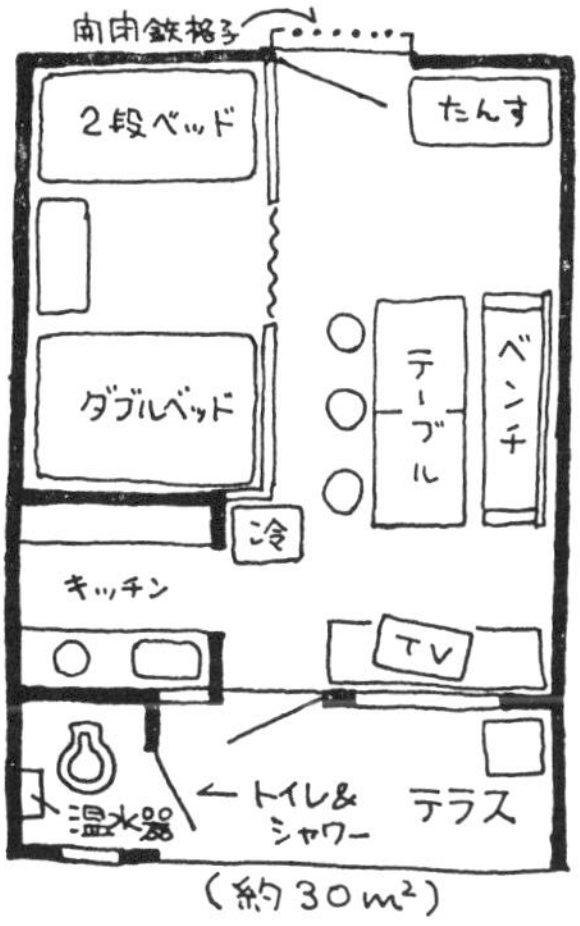

まあまあの公共屋邨　広いワンルームを中国式についたてで仕切って使うタイプ。ガス・水道・トイレ・シャワーあり。家賃180元。この手の団地が，香港・九龍・新界にあわせて56か所あり，37万戸におよそ200万人が暮している。1950年代にできた古いタイプでは，床面積 8 m² なんていうひどいのもあるが，最近のはかなり上等，60m² 近くあるものもある。ただし家賃も高くて，600元以上。

公衆浴室

どういうわけか香港には、日本の銭湯のようにカネをとって入浴させる施設というものがいっさいない。だから風呂はおおむねよく普及している。専用の風呂を持たない間借り人の場合は、ひとつの風呂を何人かで使うし、最低の公共屋邨《おくそん》でも、各階に共同の浴室がついているのがふつうだ。

しかし、それにすらめぐまれない暮し向きのひとも大勢いる。ではそういうひとはどうするかというと、〈公衆浴室〉というところへ行く。公衆浴室は銭湯ではない。なぜなら、誰が行ってもタダだからだ。

万事カネの香港で、タダの話にろくなものはない。たとえばこの公衆浴室は、たいてい〈公厠〉*とセットになっているのだ。公衆便所といっても大がかりなもので、一階が〈男厠〉と〈女厠〉で、二階が〈男浴室〉と〈女浴室〉。さらに浴室の管理事務所があって、そこに管理人一家が住みこんでいることもある。公衆便所というより、地域の総合衛生施設といった方がいいだろう。

したがって、公衆便所が二階建てでも、二階の窓に植木鉢や洗濯物が出ていても、べつに怪しむには足りない。そこで寝起きし、メシを食うひとがいるのだ。

公衆浴室は一日じゅう使えるわけではなく、たとえば朝は七時から九時まで、夕方は五時から八時までというふうに時間が決っている。風呂おけの設備はなくてシャワーだけ。しかし冬場にはちゃんとお湯もでるからありがたいではないか。

現在のところ香港島に十八か所、九龍に二十五か所あるが、表通りを歩いている限り目にすることはない。日本でも銭湯に行ったことのないひとというのはい

* 公衆便所の総数は香港島に112，九龍に51。

るものだが、香港でも中産階級以上にこの浴室はまったく無縁の存在。しかし一年にのべ二百四十八万四千八百五十一人（一九七七年）が、ここを使っている。

階段をのぼると，いきなりシャワー室。コンクリの通路で脱いで，目かくしのとびらのクギに服をかけておく。靴は，ビチャビチャにならないように，通路の中央に置く。バターンと鉄のドアが閉って，天井から毒ガスでも吹きだしてくるんじゃないかと，不安になってしまう。

C　黒社會

香港の〈黒社會　ほっ・せい・うい〉の構成員は、ざっと十数万人といわれている。日本の場合、かりに山口組や住吉連合のメンバーであっても、それだけで警察にひっぱられることはないが、香港では黒社會の構成員になることじたいが違法。バッジや旗、儀式用の道具を所持することもまた同罪なので、いわゆる「代紋」をしょって歩いたりしたら、それだけでつかまってしまう。悪いことをしようがしまいが、はじめから犯罪者なのだ。

ウソかホントかわからないけれども、香港映画などによると、「組の者*」同士が街で遭遇すると、こういう仁義を切ることになっている。

A　「死過未？」――死んでるおヒトか、それとも？（カタギさんで？）

B　「死過！」――死んでおりやす！（シャバの者じゃござんせん）

A　「點死法？」――どういう作法で？（おサカズキは？）

B　「半企跪！」――片足でひざまずきやした！（作法通りに！）

黒社會に身をおく人間は、もう死んだヒトなのである。

中国の黒社會の起源は古く、清の時代に、「反清復明」をとなえて抵抗した〈洪門〉と呼ばれる秘密結社が、そもそものはじめといわれている。ざっと三百年の歴史をもつわけだが、現代の黒社會はむろん民族主義結社でもなんでもなくて、ただの暴力団、犯罪集団にすぎない。とくに香港の黒社會は身元があ

* 厳格な階級社会で，エライ順に①〈香主〉，②〈二路元帥〉，③〈紅棍〉，④〈白紙扇〉，⑤〈草鞋〉，⑥〈四九〉の6段階。最後のがペイペイの兵隊。なお，①〜⑤をそれぞれ数字の符牒で〈四八九〉〈四三八〉〈四二六〉〈四一五〉〈四三二〉と呼ぶこともある。由来不明。

いまいで、それぞれ洪門の末裔を自称しているにもかかわらず、ほとんどなんの直接的つながりもないという説が有力だ。

最大の組織は〈和記　うぉ・けい〉で、この系列の団体には〈和安樂〉〈和勝和〉〈和勝堂〉〈和義堂〉〈和勇義〉〈和利和〉〈和洪勝〉――など、すべて「和」の字がつく。ぜんぶで七万人ぐらい。次が〈十四K　さっ(ぷ)・せい・けい〉という奇妙な名前の集団で、配下に八つのグループをもち、約五万人。〈潮幫　ちう・ぽん〉と呼ばれる潮州人の黒社會。系列には〈福義興〉〈新義安〉〈敬義〉〈義羣〉の四つがあって、こちらは「義」の字がつく。約三万人ほど。これ以外に〈四大　せい・たい〉というグループが二万人ほどいるが、あとは小さいのがちょっとずつ。*

このなかで最大の単一集団は〈和安樂〉。またいちばん古くからあるのは、潮州人の〈福義興〉だといわれる。〈十四K〉は、戦後急速にのしあがってきた新顔だが、いまでは実力ナンバーワン。古めかしい他派にくらべて、その体質は近代的。日本でいえば、さしずめ山口組にあたる。

香港の黒社會は植民地の成立とほとんど同時に出現して、ずっと「良民」を悩ませてきたが、なかでも香港人が忘れていないのは日本軍占領時代の連中の所業。太平洋戦争のぼっ発から敗戦まで香港を支配した日本軍は、中国のほかの占領地でやったのと同じ手口で、黒社會をその手先に使った。ならず者を集めてあやつったのは、久宮伝一郎という「憲兵部」**の中尉で、中国名(李志廷)を名乗っていた。日本人ながら北京語と閩南語によく通じていたといわれる。

* 予備軍の非行少年を〈飛仔　ふぇい・つぁい〉（飛行少年？）とか〈爛仔　らん・つぁい〉などと呼ぶ。

** 香港島中環，銅像廣場に面した高等法院の建て物を憲兵隊司令部にしていた。

この男の手足となって、黒社會はもっぱら香港に潜伏した「抗日分子」の摘発に血道をあげ、そのみかえりに日本軍は彼らの「商売」を黙認した。こうした日本軍の保護によって、香港人が困苦にあえいだ占領中も、黒社會だけは太りつづけ、わが世の春を謳歌した。わがニッポンはいわば育ての親。戦争中じゅうぶんめんどうを見てやったうえ、いままた観光客として、彼らの売春業の上客になっているのだから、香港の黒社會には恩義を感じてもらっていいはずだ。

黒社會の人的供給源のひとつが、中国からの移民、それも不法移民たちであることはほぼまちがいない。身ひとつでこのせちがらい香港へやってきた若者が、食うために黒社會へ入る。これはもっともなことだが、さらに進んで、彼らだけで徒党を組むことがある。これが、いわゆる〈大圏仔　たい・ひん・つぁい〉と呼ばれる連中で、いまはその名が伝説として残っているばかりだが、いっとき香港人の眉をひそめさせた。

彼らの中核は、文革中の本土から政治的理由で脱出してきた、元紅衛兵たちだといわれる。集団行動と武闘はお手のもの。たちまち頭角をあらわして、既成の黒社會の心胆を寒からしめるようになった。しかし、七〇年代はじめにはたしかに存在したらしいこの「幻の元紅衛兵ヤクザ」は、その後消えてしまった。もともと実体はなかったという説もある。

通勝

〈通勝　とぅん・せん〉は中国の暦。厚さ二センチもある和とじ（いや中国とじ）の本で、まっ紅な表紙になにやらおどろおどろしい気配がただよう。〈農暦〉（太陰暦）による潮の満ち干、二十四節気の運行にはじまって、その日その日のしていいことと悪いことを、おそろしく詳しく断定的にのべてある。

きょうは医者に行っていい日か悪い日か？　散髪に適したお日がらか？　友達と会うのは？　入学は？　結婚は？　葬式は？　おフロは？——。自分で判断がつかないひとは、毎朝この通勝にたずねればいいのだ。としよりなどは、本気で実行している。いわば香港人用「迷信マニュアル」が、これ。

カネもうけ　だけは，毎日していいと書いてあるらしい……。

D　ひまつぶし

ひまつぶしの第一は勝負ごとだが、これが果してひまつぶしなのかどうか、香港人の場合はよくわからない。あれほど熱心にやればもうりっぱに「仕事」といえるし、かならずカネを賭けるからりっぱな経済活動でもある。*

(1)　麻雀〈まあ・ちゅっ〉

かの「亡国ゲーム」も、香港なら「国」がないのだから心配ないというわけで、麻雀人口は三百万。老人も赤ん坊も入れて、十人に七人が牌を握る。香港ぜんたいで一日に動く賭け金の総額は、ざっと二百万元をくだらないという。
**牌は日本のよりずっと大型で、プラスチック製。背面の色はふつう緑だが、ピンクとか紫のものもある。この目がチカチカする牌を、できるだけ派手な音がするように雀卓にたたきつけるのが香港流。フェルトが張ってあったりしては興ざめもので、板のまんま。よく麻雀を打つ家では、毎日毎晩ガチャガチャガチーンとたたきつけてはかきまぜた結果、雀卓の中央がすり減ってまるくへこんでいる。そのくらいの迫力と執念で〈竹戰〉を交えるわけだ。

荒っぽいだけあって、ルールもまた単純。いわゆる「広東麻雀」で、まず点棒というものがない。かわりにポーカーチップを使うこともあるが、ふつうは一回ごとに現金決済。牌をまぜているあいだに、銀貨や札が卓上を飛びかう。長丁場の浮き沈みよりも一回一回の勝ち負けが重要で、それだけバクチ性が高

* 大金持同士の勝負になると，ひと晩に一卓で70万元（3500万円）ぐらい動くこともあるという。かと思うと，150元すったショックで心臓マヒを起こして死んだ男もいる。

** 香港の年間生産量は1万2千セットほど。半分が輸出用。

いということになる。いわゆる「ドラ」はない。

「役」の数え方は、〈一番《ふあん》〉、二番、三番ときて、四番を〈瀑棚　ばう・ぱん〉という。また、三コが四つとアタマさえそろっていれば、役なしのまんまであがることもできる。これは〈鶏糊　がい・うー〉といって、〇・五番に数える。

とにかく、ポーカーのつもりでさっさとあがった方が勝ちなのだ。

↑やったア！　瀑棚の大当り。
←カモ　になりたい。

(2)　象棋〈ちょん・けい〉

べつに老人専用の遊びではないけれども、公園の石のテーブル（マス目が刻んである）や横丁で指しているのは、なぜか老人が多い。ルールは日本の将棋のようでもあり、西洋のチェスのようでもある。コマの動きはこんな具合。
兵は一目ずつ前進。「歩」と同じだが、渡河後は左右にも一目ずつ。後退は不可。**炮**は前後左右に直進。ただし、あいだにひとつコマを置いてその次のコマをとる迫撃砲。**車**は「飛車」と同じ。**馬**は全方向に桂馬とびできるが、進行方向の頭上にコマがあるときは不可。**相**は「角」すじを一目おきに、田の字のかどからかどへ跳ぶ。渡河は不可。**仕**は自陣のX型の斜線上のみ一目ずつ進退できる。**帥**は自陣のXと田の字のかさなる範囲に限り、どこでも一目ずつ。

まだのみこめないひとは、一時間もよこで見物していればわかるはずだ。

(3) 天九〈てぃん・がう〉

西洋のドミノに似た牌を使うゲーム。細長いプラスチックの牌の表面に、いろいろな組みあわせのサイコロの出目が刻んである。全部で三十二枚。このルールが何度観察してもわからないのだ。旺角や油麻地あたりには、雀荘の形式でこの天九をさせる店がよくある。これとよく似たゲームで、紙の細長い牌を

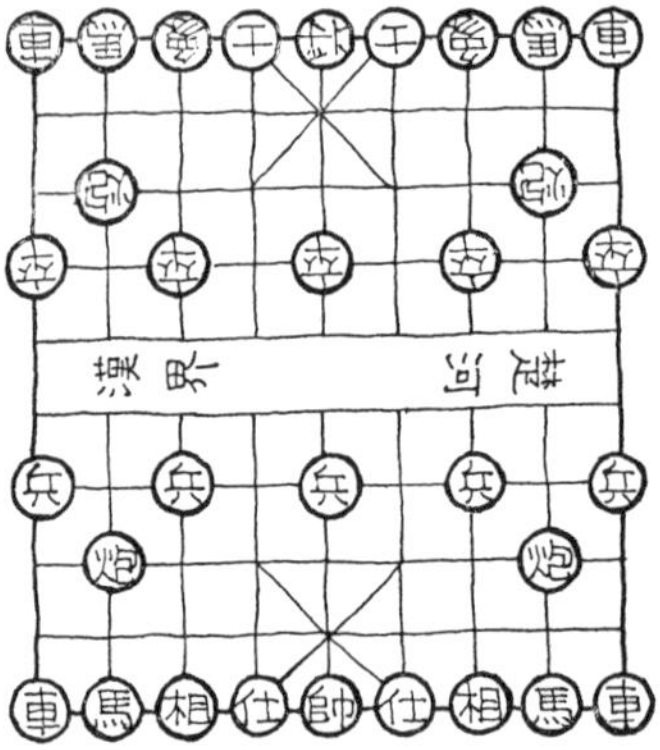

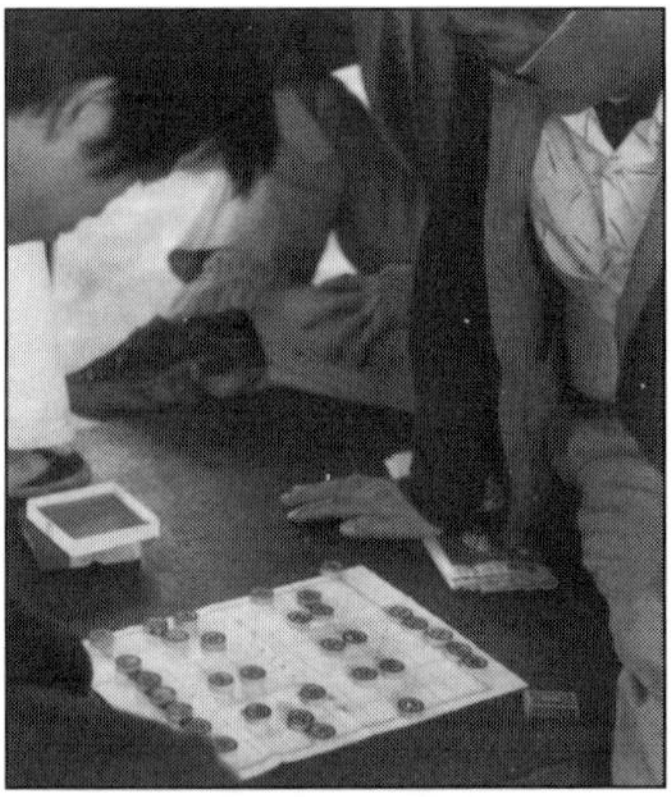

天九の牌

使うのが〈十五湖　さっ(ぷ)・んー・うー〉。これもよくわからないゲーム。

(4)　六合彩〈ろっ・はっ・ちょい〉

英語名を Mark Six Lottery といい、〈英皇御准香港賽馬會《ロイヤル・ホンコン・ジョッキー・クラブ》〉の〈場外投注處〉で売っている投票式宝クジ。1から36までの数字から任意の六個を選んで、一枚二元の投票用紙に記入して投票しておくと、あとから抽選会がある。そこで出た数字六個(および特別號碼《ナンバー》一個)とぴたり一致すれば大当りという簡単なしくみだが、六個適中の確率は百万分の一以下。しかしこの〈頭獎〉を当てればー生遊んで暮せるから、みんな熱中して街角の場外馬券売場へ走る。〈二獎〉は数字五個と特別號碼適中で、まだ家ぐらいは建つ。五個適中の〈三獎〉でも大ボーナスだが、まあ毎週こりずにやって〈特別獎〉の百元か〈安慰獎〉の五十元が一度でも当たれば、よっぽど運のいい方。

場外投注處　街じゅうにほとんどポストの数ほどある。

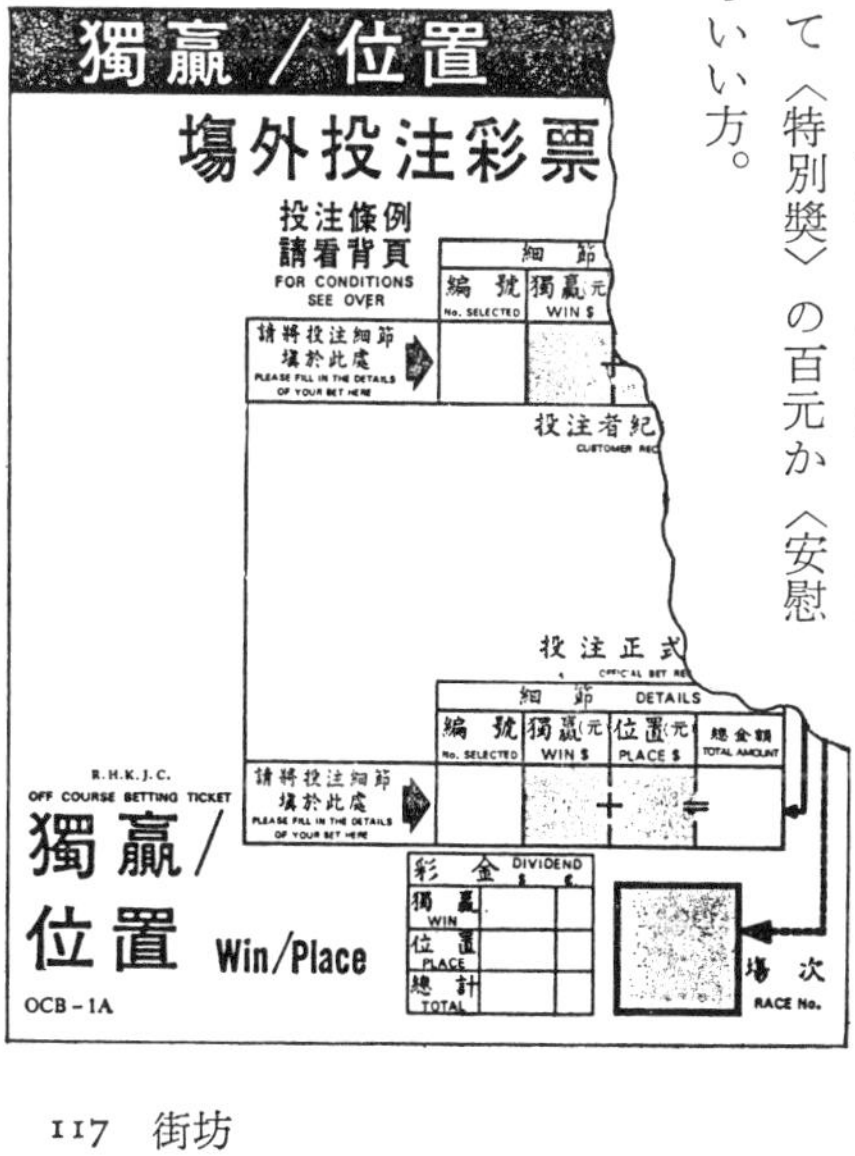

馬券(投票用紙／サイズ・15×13センチ)　賭け方は複雑怪奇で，7～8種類ある。これはいちばん単純なやつ用。

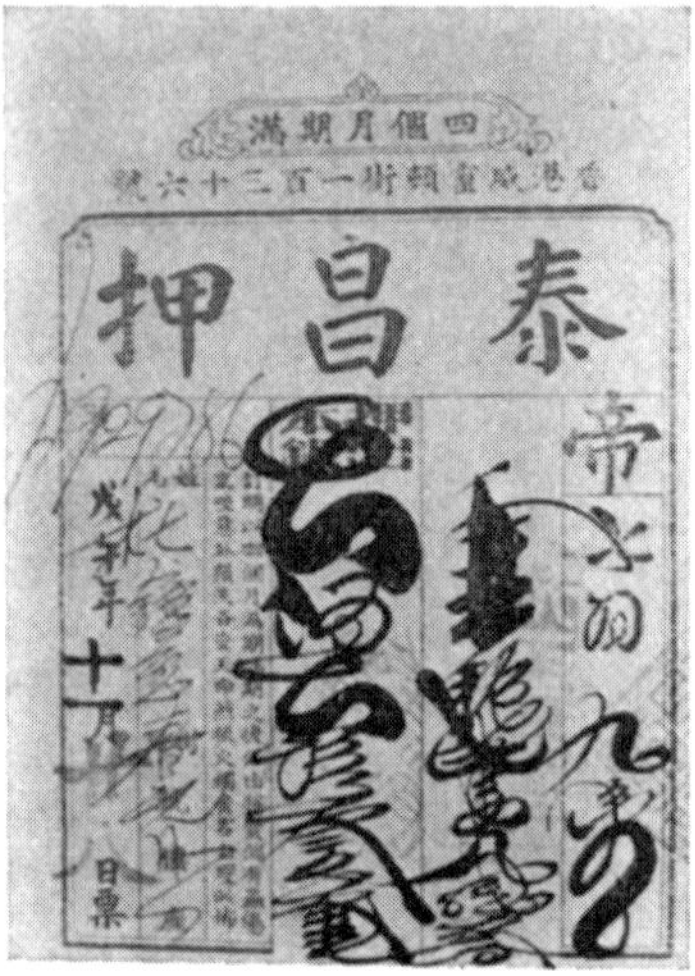

〈勝負がすんで日が暮れて……〉

質札　現物は12×18cmとバカでかい。判読不能だが，質草は金の腕輪で，この札の持ち主の女房がおヨメにもってきたもの。むろん亭主が無断でもちだした。利息は100元以下2％，100元以上4％。貴金属はなんでも入質できるが翡翠はダメ。クロウトでも値ぶみがむつかしいからだという。

たずね人　WANTED——花紅（賞金）500元。警察の手配だとまだサマになるのだが，このガン首に懸賞をかけているのは「サラ金」業者。右の者は金を借りたあと，〈一去無踪〉，つまりドロンしてしまった，とある。自分で通報しても500元もらえるかどうかは書いてない。

第III章/享受 *han-sau*
ENJOYMENT

III　享受

■ノート

香港はひどく殺ばつとしたところでありながら、人間中心主義（！）の街。香港人は人生の楽しみ方を知っている。わが身ひとつ。わが身ひとつの〈享受　はん・さう〉――エンジョイメント。それだけが、およそこの世でたしかに手にすることができるもののすべてだ。あたかもそう考えているかのように――。

異議ナシ。賛成。便乗しよう。

1　モノを買う

A　値札と中国数字

ショッピング・マップを片手に、もっぱらグッチだオメガだと有名店やデパートばかりを歩きまわるつもりなら、香港での買い物は日本語と日本円だけでこと足りる。しかし、もう少し気のきいたモノを買おうと思ったら、勘定のしかたに精通しておかないと、香港ではどういうソンをするかわからない。ただでさえ香港のおかね*の数え方はややこしい。イギリス式と中国式では、呼び方もちがえば単位のとりかたまでちがうのだ。

イギリス式——1 HKD (Hong Kong Dollar)＝100 Cent

中国式——一元〈まん〉＝十毫（毛）〈ほう〉＝百仙《セント》〈しん〉

中国式で数えるときは、イギリス式には対応する呼称のない、毫という一〇セントきざみの単位をもちいる。たとえば、一ドル三〇セントは一元三毫、一五ドル六八セントは十五元六毫八仙**になり、中国人はもっぱらこちらの数え方

* 中央銀行がないので英系銀行３行〈香港上海滙豐〉〈渣打〉〈有利〉（おもに前２行）がそれぞれの紙幣を発行している。硬貨は政庁が発行。

** ただし，いまの物価事情では，１毫以下のねだんがついたものはほとんどない。だから，〈仙〉の出番はない。

をする。よく子供の物売りなどが、うろ覚えのエイゴを外国人に使ってみたくて、「ワンダラー・スリーセント！」などとはんぱなねだんを叫ぶことがある。これは中国式と混同しているからで、本人は一元三毫といったつもりなのだ。

　ちなみに、広東語の一から十までの数の呼び方は、

一〈やっ〉、二〈いー／りょん〉、三〈さーむ〉、四〈せい〉、五〈んー〉、六〈ろっ〉、七〈ちゃっ〉、八〈ぱっ〉、九〈がう〉、十〈さっ（ぷ）〉——。

　したがって、一元三毫は〈やっ・まん・さーむ・ほう〉だが、ふつうはもっと短くいう。一元（銀貨）一個とプラス三毫だから〈一個三　やっ・こ・さーむ〉＊。英語で一ドル三〇セントを「ワン・サーティ」というのと同じことだ。

　さて、おかねの数え方もめんどうだが、その表示のしかたはもっと混乱している。外国人がくるような店なら、値札は〔1.30〕とか、〔1$\overline{30}$〕とでているので問題ないが、ふつうの店はおおむね漢字で、それもこんなやつなのだ。

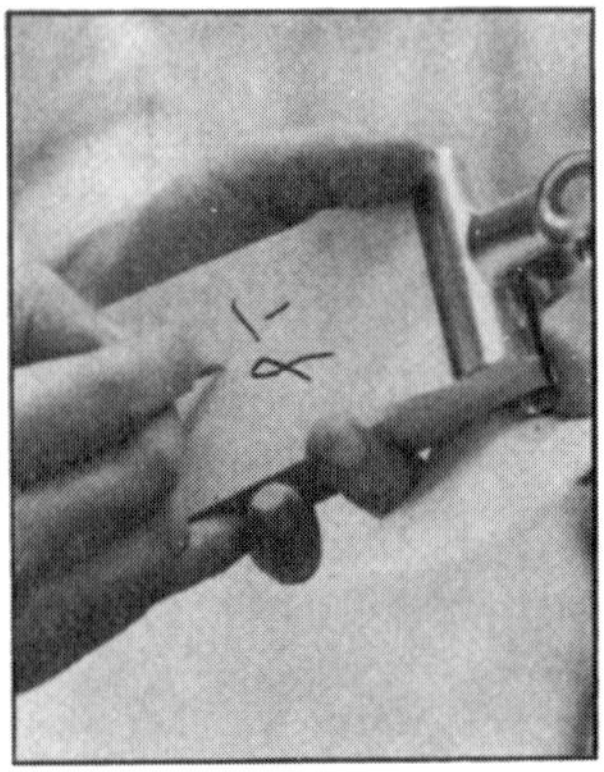

6元5毫

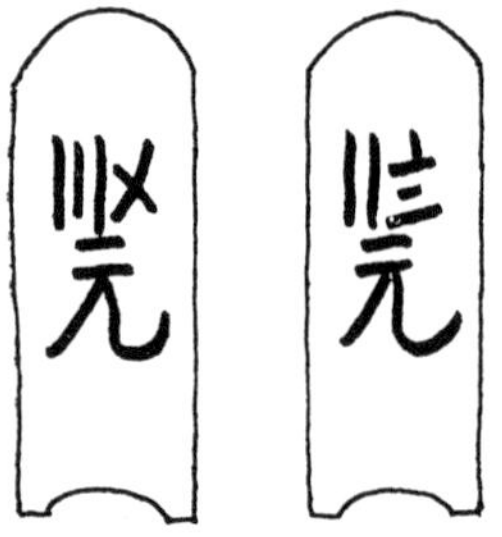

（3.4元）　（2.8元）

＊ 2元2毫は〈二個二　りょん・こ・いー〉，
2元4毫は〈二個四　りょん・こ・せい〉，
ただし12元2毫は〈十二個二　さっ（ぷ）・いー・こ・いー〉。2元は〈二元　りょん・まん〉，3元は〈三元　さーむ・まん〉。

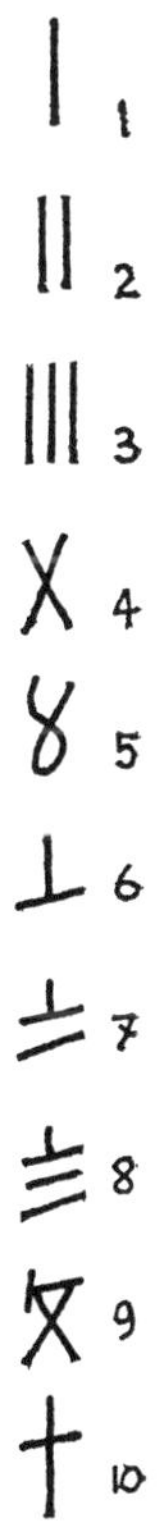

こういう表記は日本にはないが、「算木」を使ったむかしの計算法のなごり。値札の場合は原則として一元の位に使われるが、確立した表記法はない。この方式の値札がパッと読めるようになると、露店や街市《マーケット》をひやかすのがおもしろくなるし、場末の酒楼の壁に貼ったねだん表もわかるようになる。

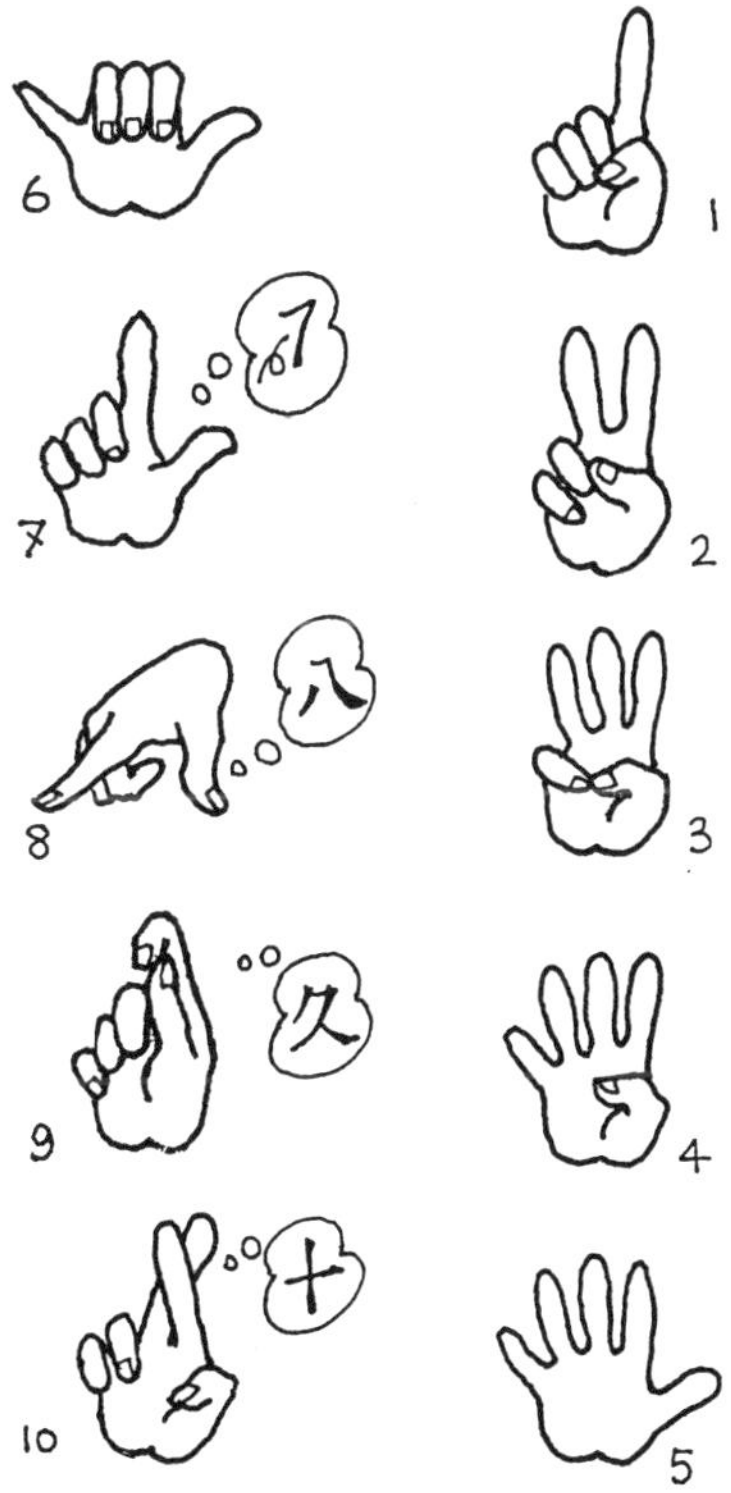

ゆび数字　これを覚えないと買物はできない。「いくら？」とたずねると，テキはだまって片手のゆびを立てる。こちらは強く首をふりながら２本少なくゆびをたてる。こんどはテキがダメダメ——両者が一致するまで口と手を同時に使って丁々発止。10まで片手で表示できるのがミソ。

両替

香港では、両替するところが見つからなくて困るということはない。むしろ多すぎて困るほどだが、いくつかの原則を知っておくとソンをしないで替えられる。

左のページにあげた交換レートの調査を見ればわかるように、原則の第一は空港で替えてはいけないということ（当座の交通費に千円だけ！）。第二に、ホテルもやめておいた方がいい。原則の三番目は、街の小さな〈銭荘〉（両替屋）は、見たところ怪しげだがわりと良心的だということ。そして第四は、替えるならやっぱり銀行。ただし、日系銀行だからといってレートが有利ということはない。

銭荘　これは大規模な店。ふつうは間口１メートルくらいの小さな構えで，正面はかならずオリになっている。尖沙咀の北京道かいわいに多い。

■日本円１万円はいくらになるか？　（単位：元／ＨＫＤ）

〈銀行〉

①香港滙豐銀行	246.3
②恒生銀行	247.0
③東京銀行	246.7
④三和銀行	246.5

〈ホテル〉

⑤美麗華（ミラマー）	220.0▲
⑥半島（ペニンシュラ）	240.0
⑦暇日（ホリデーイン）	238.0
⑧香港（ホンコン）	238.0
⑨喜來登（シェラトン）	230.0▲
⑩國賓（アンバサダー）	230.0▲

〈デパートその他〉

⑪瑞興	240.0
⑫連卡佛（レーンクロフォード）	244.0
⑬伊勢丹	245.0
⑭免税品店（デューティーフリー・ショッパーズ）	240.0
⑮中藝	245.0

〈錢莊〉

ⓐ	245.0	ⓔ	248.0
ⓑ	245.0	ⓕ	245.0
ⓒ	245.0	ⓖ	245.0
ⓓ	246.0	ⓗ	246.0

〈空港〉

到着ロビー	235.0▲

▲印はとくに悪いところ　1978年12月の某日，午後２時から３時のあいだに九龍の尖沙咀を中心に調べた結果。その後の追調査でも個個の傾向は変らなかった。いちばんひどいミラマーホテルは，日本人の団体が多いところ。銀行より１割以上もソン。なお，デパートは日本円で買い物をした場合のレート。

B　小販

香港では、なにもデンとした店をかまえている人間だけが商人ではない。路上の物売り、屋台のソバ屋もりっぱな経営者で、これらの人びとをひっくるめて〈小販　しう・ふぁん〉という。この小販からモノを買うというのが、香港でのショッピングの極意。もうパリの石だたみにもローマの広場にも食傷してしまった、（だからグッチやエルメスには興味のない）高等な旅行者（のフリをしたいひと）なら、路上の「小販ショッピング」がきっと気に入るはずだ。

小販があつかう商品は、Tシャツからオレンジ、ラジコンのおもちゃから生きたエビ、焼売《しゅうまい》から翡翠と、あげればきりがないが、形態で分ければふたつ。

(1)　流動小販

(2)　固定檔位小販

(1)は路上に直接品物をならべるか、手押しぐるまであちこち流して歩く方式。

(2)は路上に屋根つきの小さな店を出すやり方だが、日本の「夜店」のようには簡単に店を移動できない。駅のホームの売店に似た構造で、夜はかぎを締めて帰る。麺や粥の屋台などはほとんど(2)で、この形式の食い物屋を、とくに

(3)　熟食檔*

という。(1)(2)(3)とも、商売をはじめるにはまずそれぞれのライセンスをとらなければならないが、無許可の小販も多い。香港全体で四万人以上いるといわ

* これは書きことば。ふつうにしゃべるときは〈大牌檔　たい・ぱい・とん〉。

れている小販のうち、ライセンスのある〈有牌小販〉は三万一千人。* あとはもぐりの〈無牌小販〉が勝手に商売をしている。

また、たとえライセンスをもっていても、好きなところで店をひろげていいというわけではなく、この通りのここからここまでというぐあいに〈認可區〉がこまかく決っている。しかし、そんなことを守っていた日には、(1)などはおまんまの食いあげになってしまうから、そこで、小販と警官はいつもかたき同士。とくにつかまるとまずい〈無牌〉組はみごとな仲間うちの連携プレーで、パトロールのおまわりの姿が近づくと、通りの角に放ってある見張りが叫ぶ。

「走鬼〈つぉう・がい〉！」

逃げろ、オニ**だ！——。そのトンズラぶりの手ぎわのいいことといったらない。手押しぐるまの一団がひと混みをかきわけてバク進し、車道のまんなかを

逃げろ逃げろ　小販は，いちばんてっとりばやい「脱サラ」の道でもある。小販あがりの大富豪もいる。

* 36％が香港島，64％が九龍で営業。

** 香港の広東語では，いまだに西洋人を〈鬼　くわい〉または〈鬼佬　くわい・ろう〉と呼んでいて，しっかりとサベツする。オニ，イコール西洋人。西洋人イコール役人（警官）。現在，西洋人の警官はほとんどいないが，その手下だから，やっぱりオニだ，逃げろ。

突っ切って、あっというまに大通りの反対側の路地裏へ消えてしまう。

　小販があつかう商品はおおむね安物のたたき売り品だが、ガセネタは少ない。「十年つとめた工場がつぶれ、泣く泣く退職金がわりにと、もらってきたのがこの品物」――というテキヤの口上も、香港ではあながちつくり話ばかりとはいえない。倒産会社の在庫品を路上でさばくことはよくあるからだ。

　安いなかでもとりわけ安い、ということを強調するために、いくつか決り文句がある。それをボール紙に大きな字で書いてぶらさげてあるのだが、いわく〈大減価!〉*――これはわかる。またいわく、〈大平!〉――これも〈平《ぴん》〉は安いという意味だから、わかる。しかし〈咪走鶏!〉〈跳樓貨!〉は、例によって連想ゲーム。たぶんこれは、「ニワトリをしてのがすなかれ。逃げたらつかまらないよ!　いまがチャンスだよ!」「清水の舞台から跳びおりる覚悟!ダンピングの投げ売り商品だよ!」――という意味ではないかと思う。

新塡地／廟街／女人街

　この小販の商売ぶりをいちどにまとめて見物したいと思ったら、次の三か所がいい。それぞれ昼間のうちはただの通りであったり駐車場だったりするところだが、夜ごとそこに一大小販街ができあがる。いってみれば香港の常設縁日で、毎晩七時か八時ごろから夜中まで、夕食をすませて出てきたひやかし客でごったがえす。三枚十元のTシャツを、一元まけろとねばってみるのもいい。
(1)　新塡地〈さん・てん・てい〉――(香港島中環。港澳碼頭《マカオ・フェリー》駐車場)

* 〈八折〉〈七折〉とあるのは，二割引，三割引のこと。八割引，七割引にアラズ。

観光ガイドブックに「プアマンズ・ナイトクラブ」としてでているのがここ。駐車場の広場を使っているので、規模は小さいが、夏場は海風が心地よい。ほとんど食いもの屋ばかり。もの売りは流行歌のカセット屋ぐらいしかなく、その点はもの足りない。三つのなかでは、いちばん観光化していて「安全」。

(2) 廟街〈みゅう・がい〉——(九龍油麻地《やうまあてい》。通りの両側五百メートル)

ここがいちばん大規模で、ゆっくり見て歩いたら二時間くらいはすぐにつぶ

廟街 (Temple St.)　ここを昼間はちゃんとくるまが走っている。海事をつかさどる女神，〈天后　てぃん・はう〉をまつる廟があるところからその名がついた。もとは参詣人あいての小さな門前市だったものが，いつからかこんなことになってしまった。

れる。佐敦道《ジョーダン・ロード》側のとっつきから廟の手前までの区間は、男物の衣料が中心。路上の仕立て屋もあって、ひと混みのなかでスーツの仮り縫いをする。その先はがらりとネタが変って、ラジオや雑貨、えたいの知れないガラクタの類。暗がりでポルノ屋****が店をひろげるのもここからだ。「秘薬」と称するあやしげなカプセルを手に、身ぶりよろしく口上をのべたてる男もいて、とりかこんだ客はニヤニヤ笑い。手つきを見ればなんの話かはすぐわかる。廟の周囲には昔ながらの占い師に漢方薬。ペンチをならべて街頭歯医者も開業している。このあたりまでくると、治安はあまりよろしくない。

廟街小販調査（冬場）

ジーンズ	27	ジャケット	11
ジャンパー	22	スカーフ	1
シャツ	25	綿衣*	1
Tシャツ	26	手袋	1
テーラー	22	ネクタイ	1
セーター	18	くつ	2
スラックス	16	めがね	3
ランニング	11	時計	11
くつ下	6	ライター	4
ベルト	4	カセット	4
ポスター	4	時計みがき**	1
おもちゃ	4	本	4
荒物	7	万年筆	1
ラジオ	11	電器	5
がらくた	8	手品	1
占い師	10	粤劇***	1
ポルノ	8	翡翠	1
漢方薬	6	レコード	1
歯医者	1	帽子	1
アクセサリー	3	その他	3
		計	305

(3) 通菜街〈とん・ちょい・がい〉——(九龍旺角。通りの両側二百メートル)

廟街が「メンズ・ファッション」専科だとすれば、こちらは女物専科。それ

* 綿入れの中国式ジャケット。
** 腕時計をピカピカにみがく商売。
*** 京劇に対する，粤（広東）の劇——Cantonese Opera。その路上公演。
**** 日本のにほんの「毛がはえた」ていど。

で別名〈女人街　のい・やん・がい〉ともいう。女の子が身につける品物なら、口紅からブラジャー、くつからコートまで、この通りでなんでもそろう。上等でなくてもいいが、流行遅れではない格好を。そういうささやかな夢に、女人街はこたえている。イキのいい下町娘たちが、わんさかわんさと歩いているのも壮観。女の子が対象なので、夜九時すぎにはもう店じまい。

ニセモノ日本製　香港娘にとって，日本時装《ファッション》〉は手のとどく高級品。そこでニセモノがでまわる。苦心のしどころはブランド名で，ひらがならしき文字をならべて，それらしく見せている。またほかに，「TONY」のカセットコーダー，「DTK」のテープ，「SIEKO」クォーツなんてのもあって泣かせる。

女人街小販調査(冬場)

既製服一般	26
ジーンズ*	21
スラックス	8
セーター	27
ブラウス	3
下着	11
ナイトウェア	9
ストッキング	5
綿衣	4
ベルト	4
くつ	20
帽子	1
ハンドバッグ	11
化粧品	9
アクセサリー	11
サングラス	2
子供服	8
カセット	4
時計	3
その他	3
計	190

* カウボーイズボン――〈牛仔褲　がう・つぁい・ふう〉といっている。

士多

〈士多　しい・とう〉は、英語のStoreからきたことば。相当ナマっているという気がするけれども、日本語で「ストア」と表記してもやっぱりナマっているのだから、ひとのことは笑えない。間口一間ぐらいの、おばさんがひとりで店番しているような裏通りの「よろず屋」をさす。たばこ屋がちょっとした食料品店と雑貨屋を兼ねている。お客は近所の顔見知りばかり。小銭を握りしめたおつかいの子供がかけこんできて、

「おばさん〈橙　汁《オレンジジュース》〉と〈出前一丁*〉ふたつおくれ」

という感じの店だと思えばよい。奥の土間にテーブルをひとつかふたつ置いて、そこでコーヒーを出したり、麻雀をさせることもある。そういうケースでは、士多がひまつぶしと世間ばなしの場にもなるわけだが、このタイプは市街地では少なくなった。周辺部や新界に行くと、この社交場型の士多が多く見られる。

士多であつかう基本的な商品は、

(1) 烟仔〈いん・つぁい〉――たばこ
(2) 汽水〈へい・そい〉――コーラ、ジュースの類
(3) 啤酒〈ぺい・ちゃう〉――ビール（安い中国酒も）
(4) 零食〈りん・せっ〉――乾燥果実など、中国風おやつ
(5) 雪糕〈しゅ・こう〉――アイスクリーム
(6) かんづめ・調味料・インスタント食品

などで、すべて保存のきくものばかり。これ以外に雑貨として〈火柴《マッチ》　ふぉ・

* 日清の即席ラーメン。発音は〈ちゅっ・ちん・やっ・てぃん〉だが，どーゆう意味だ？と，よくきかれる。

ちゃい〉だとかノート、鉛筆、蚊とり線香、ゴムぞうりなども置いている。最低限の日用品は、ここでいちおう間にあうわけだ。

この士多とよく似た機能を持つ店に〈辦館・ぱん・くぅん〉*がある。もともとの意味は輸入品の卸問屋だが、士多を大がかりにした店と考えてよい。規模としては士多と超級市場《スーパー》の中間に位置する。士多とのちがいは、〈麵飽《パン》　みん・ぱう〉やくだものなどのナマものもあつかっていることで、そのぶん雑貨の比重は低い。忘れてならないのは、豊富な酒類のストック。中国酒からナポレオン、クールボアジェまで、辦館にない酒は香港のどこをさがしてもないと思ってよい。

辦館はたいてい夜遅くまでやっているので、寝酒を切らせたひとには重宝だ。

啤酒　左から〈青島　ちん・とう〉(中国製),〈藍妹　らん・むい〉(Blue Girl／ドイツ・ピルゼンビール),〈生力　さん・りっ〉(San Miguel／香港製)。ふつうは〈生力〉を飲む。

* 西洋人の手先となってもうけた，かの悪名高いコンプラドール (Comprador)——〈買弁〉がその前身。

ニセ洋モク

烟仔《タバコ》は士多で買ってもいいし、道ばたで新聞といっしょに並べて売っているおばさんから買ってもいい。むろん専売制度などというものはないから、たばこもただの商品。誰がどこで、またいくらで売ろうとかまわない。

とはいっても適正価格というものはあって、ねだんはどこで買ってもだいたいピタリと同じ。たばこひと箱売るのにねだんをふっかけるほど、香港人はヒマではない。多少安く買おうと思ったら超級《スーパー》市場へ行ってカートンで買うのがよく、これだとバラで買う市価より一、二割方安い。ようするに街の「たばこ売り」は、カートンで仕入れて、バラして売っているだけなのだ。

銘柄はいわゆる「洋モク」として日本でもおなじみのものが多いが、ポピュラーなところでは、ケント*/健牌〈きん・ぱい〉、ウィンストン/雲絲頓〈わん・しー・とん〉など、種類はきわめて豊富。しかし、せっかく香港まできて「洋モク」を吸うのも芸のない話だから、ここはやはりローカルたばこでいきたい。よく調べれば香港にも「地元製」**はちゃんとある。たとえば、Good Companion〈良友〉、Varsity〈長勝〉、Knight〈金爵〉、Union〈英皇〉、Glory〈領袖〉、Gallant〈嘉賓〉、Snowman〈緑包〉、1st. Prize〈好運〉、Million〈百萬金〉、General〈将軍〉、Hilton〈希爾頓〉、Indian〈紅人〉

などがそうだが、パッケージに漢字***はおろか Made in Hong Kong の表示さえないので、ちょっと目には身元がわからない。これら「ニセ洋モク」を見破るのも、香港でたばこを買う楽しみのひとつにつけ加えていいだろう。

* 市中で1箱2.7元くらい。日本の半値以下。

** 「洋モク」より安くて大衆向き。〈紅人〉〈英皇〉は両切り，〈緑包〉はメンソール，〈良友〉にはメンソールとそうでないのとある。

*** 中国たばこの〈紅雙喜〉(Double Happiness),〈白金龍〉(Golden Dragon),〈天山〉(Ten-Shan/ メンソール),〈地球牌 (The Globe) の4種は，漢字銘柄。中国からの輸入品に見えるが，香港だけのブランド。

香港製*

銘柄人気ベスト10と吸煙人口（単位千人／1978年）

1	總督 Viceroy	178.0	6	士頓 Capstan Filter	32.0
2	雲絲頓 Winston	138.0	7	萬寶路 Marlbro	32.0
3	健牌 Kent	113.0	8	三個五 555 Filter	22.0
4	良友 Good Companion	73.0	9	孖寶 Marvels Filter	21.0
5	紅雙喜 Double Happiness	35.0	10	駱駝 Camel Plain	16.0

* 「ニセ洋モク」は，それらしく見せるため，シールに “Finest tobaccos of U.S.A.” とか “U.S.A. Blend” など，ウソではないがホントでもない文字を入れてある。 Capstan〈喼士頓〉，Marvels〈孖寶〉，Phillip Morris〈金利士〉などは香港でライセンス生産したホンモノ。

街市（マーケット）

ありとあらゆる種類の店が軒をつらねる香港の通りにも，八百屋と肉屋と魚屋の三つはない。ないというより，いらないのだ。どの地区にもかならずひとつ以上公営の〈街市　がい・しい〉があって，生鮮食品は，すべてそこで買える。中国人にとって食うことは人生の一大事だから，地区の小売りマーケットとはいうものの，大きなところになると日本の地方都市の卸売市場ぐらいはありそう。ここに毎日本土から貨車で着いた食品が山積みになる。街市の中心は，白い倉庫のような建物で，屋内にそれぞれブタ肉市場，トリ肉市場，魚市場などが分れて入っている。建物をとりまくように，野天の野菜市場があって，さらにそのわずかな空間にびっしりと小販が店をひろげる。街市の歴史は古く，戦前からある。現在市街地に42か所ほど。かならず探険にでかけること。

2 酒樓

A カテゴリー

「你食做飯未呀?」――あなた食事しましたか、(それとも)まだか?

昼間ひとと会ったときのあいさつを、香港ではそういうが、古人いわく、衣食足って礼節を知る――。ハラのへった人間は、どんなひとの道にはずれたことをしでかすかわからない。そこで、あいてがちゃんとメシを食べたヒトかどうか、つきあうまえに確認しておこうというわけだ。だからもしこちらが「まだ」だったら、あいてを不安にさせないためにも、どこかで食事をして「真人間」になってから、あらためて出なおすのが礼儀というものだろう。

街でメシを食べるところ――食いもの屋の分類は、次の六つぐらいになる。

(1) 酒樓〈ちゃう・らう〉

中国料理レストラン。系統はいろいろあるが、看板にことわってなければ、そこは地元の〈廣東菜　くぅん・とぅん・ちょい〉を食べさせる。これがいちばん多く、次が〈上海　しょん・ほい〉。あとは〈北京　ぱっ・きん〉〈四川　せい・ちん〉とつづく。これが中国料理のビッグ・フォーだが、香港にはこれ以外に〈潮州　ちう・ちゃう〉とか〈客家　はっ・か〉などもある。*

規模は、デパートの大食堂ぐらいもあるマンモス酒樓からうなぎの寝床式まで各種。一見豪華な店構えでも高いとは限らず、また、裏通りだからまずいとも限らない。安くあげるコッは皿数をとらないことにつきるが、〈猪《ブタ》　ちょっ〉とか〈鶏《トリ》　がい〉の字のついた料理なら、法外なねだんではないはず。ただし〈海鮮**　ほい・しん〉はひじょうに高い。魚ヘンのついた料理には用心が肝要だ。いずれにしても、最低二、三人以上でないと酒樓は不経済。

裏通りのちょっとこぎたないつくりで、男のひとり客が多い小さな酒樓は、「定食屋」式の営業をしている。こういうところなら、ひとりで入ってもだいじょうぶ。〈××飯〉と、おしまいに〈飯　ふぁん〉の字のついた料理は日本でいう「丼物」で、それひとつとればいい。店頭に〈學生飯　ほっ・さん・ふぁん〉などと貼りだしてあるのもこれ。こういう店には料理もひとり用の小さい皿があって、なにもいわなくても〈白飯《ライス》　ぱっ・ふぁん〉がふたつと〈湯《スープ》　とん〉がついてくることがある。つまり「定食」で、ねだんは五、六元ていど。それでいて味は、日本の「中華定食」の少なくとも十倍は上等。

(2)　餐廳〈つぁん・てぃん〉

洋式レストラン。〈西冷牛扒《サーロインステーキ》　さい・りん・がう・ぱ〉だとか〈猪扒《ポークチョップ》　ちょっ・ぱ〉〈菴列《オムレツ》　あむ・りっ〉〈沙律《サラダ》　さあ・ろっ〉をはじめ、〈意粉《スパゲッティ》　いー・

* 潮州と客家は準ローカル料理の部類。

** 店内の水槽に泳いでいる魚や海老の料理。メニューにあるねだんは１斤（600 g）あたりの単価で，１尾分ではないから注意。香港のことわざにいわく，〈欲吃海上鮮／莫計腰中錢〉（サカナ食うならフトコロ気にするな）。

ふぁん〉〈通粉《マカロニ》　とん・ふぁん〉*さらに〈咖喱飯《カレーライス》　か・れい・ふぁん〉まで、ひと通りある。なんでもあるが、たいていまずい。ほかに簡単な中国料理もあり、また喫茶店のつもりで珈琲《コーヒー》だけを飲みに入ってもいい。酒楼との形態上のちがいは、内部がうす暗いこと、ムード音楽を流していること、そしてしばしば店頭で〈麵飽《パン》　みん・ぱう〉を売っていること。

(3)　粥麵専家**〈じょく・みん・しん・か〉

ソバ・カユ専門店。機能も営業形態も、日本のそば屋とそっくり。ちがうのは、真夜中近くまでやっているところで、これはこちらの方が便利。

(4)　燒臘飯店***〈しう・らっ(ぷ)・ふぁん・てぃむ〉

ブタやトリの丸焼きを店頭にぶら下げて切り売りする店の奥に、ちょっとした食堂がついている。メシのうえに〈焼肉《ヤキブタ》　しう・ゆっ〉などをのっけて食わせる。メニューはそれだけで、いわば「牛丼」屋に相当する。

(5)　大牌檔****〈たい・ぱい・とん〉

路上に店を張る屋台。酒楼と変わらないメニューをもつものもあれば、粥専門、麵専門などいろいろ。夜空の下で鍋物をつつくのも悪くない。

(6)　快餐店〈ふぁい・つぁん・てぃむ〉

ファスト・フッド・レストラン。〈漢堡飽《ハンバーガー》　はん・ぽう・ぱぅ〉の御存知〈麥當労《マクドナルド》　まっ・とん・ろう〉をはじめ、熱狗《ホットドック》や〈三文治《サンドイッチ》　さーむ・まん・ちい〉の立食い。またはテイク・アウト。旅行者には入りやすいが、味気ない。

* 〈意粉〉は〈意他利(イタリー)粉〉の略。〈通粉〉は，心(あな)の通った〈意粉〉だから。

** p. 150参照。

*** p. 148参照。

**** p. 153参照。

テーブルマナー

中国料理にはテーブルマナーがない、という説がある。あれは半分ウソで半分本当。なんであれものごとには、していいことと悪いことの区別がある。

≪してはいけないこと≫

△まず、あたりまえだが、音をさせて食べること。とくに麵をズルズルとする習慣はないので、これは不作法。ひじょうにイヤな顔をされる。

△皿や茶碗を手にとること。これも日本人がよくやるが、手にとっていいのは、原則として「ごはん」茶碗だけ(ときにスープも)。ほかはすべてテーブルに置いたまま、右手に箸、左手に「れんげ」を持って食べる。麵や粥もまたしかり。

△自分の箸をテーブルのうえで他人の箸と交叉させること。または、(遠くの料理をとるとき)手のひらをかえして、バックハンドで箸を使うこと。

△もちろん、これは常識以前だが、テーブルの下に食べカスを吐き散らすこと。

≪してもかまわないこと≫

○テーブルのうえに食べカスを吐きだすこと(ただし一か所にまとめて)。

○ナフキンがわりに、〈卓布《テーブルクロス》〉で口をぬぐうこと。または勘定書きがあっているかどうかたしかめるため、万年筆またはボールペンまたはサインペンまたはマジックインキで、卓布に数字を書いて計算しなおすこと。

○自分の使っている箸で、ほかのひとのために料理をとり分けてやること。

○食べろ食べろと無理強いすること。または料理の残りをもって帰ること。

○酒樓に自前の酒を持ちこんで、グラスだけ借りてチビチビやること。

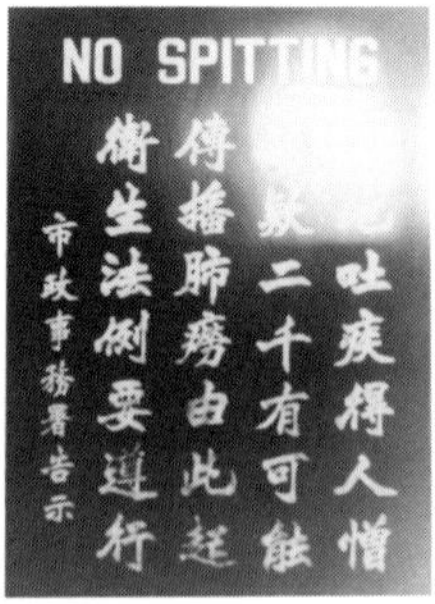

ツバを吐くな
罪金二千元

○正々堂々と楊子を使うこと。または、食事中に煙草を吸うこと。

○オレがオレがと、はでな勘定書きのうばいあいを、さも大げさに演じること。

正しいゴハンの食べ方・中国式　①まず箸のなかほどを短かめにもつ。②アゴを前にだすようにして飯碗のへりを口にあてがう。③テンコ盛りのふもとを少しくずして口にかきこむ。④ゴハンがなくなったところを，テンコ盛りの頂上をくずして埋める。またかきこみ，またくずして埋める――と，これをくりかえせば，ひと粒もこぼさずに食べることができる。ゴハンに粘り気がないので，日本式の食べ方は不可能。

テンコ盛り用しゃもじ　内側が円くスプーン状になった金属製のものを使う。お釜は，もちろん，ナショナルの電気ガマ。水かげんも日本と同じ。ただ米がちがうだけ。

B　飲茶

世界じゅうのお茶を飲む習慣は、すべて中国からはじまった。ビスケットをかじりながら飲むイギリス人の「午後のお茶」も、ばかばかしく大げさな日本の「茶の湯」も、もとをただせば中国人のまねをしただけの話。あれこれもったいをつけたところで、しょせん本家本元、元祖名代の中国にはかなわない。なかでも、廣東で発達した〈飲茶　やむ・ちゃあ〉の習慣。これこそホモ・サピエンスが到達した、お茶の飲み方の最高段階といっていいほどだ。して、飲茶のココロは？　とたずねるひとがあれば、こう答えよう——。「ただガブガブと茶を飲み、〈點心　てぃむ・さむ〉をばあれこれむさぼり喰うばかりにて候」。これが、始祖・陸羽以来の中国の茶の心の真髄なのだ。

香港では、飲茶をしないことには一日がはじまらない。酒樓は朝の七時台から店をあけ、* どこでも八時すぎにはもうひとでごったがえしている。陳さんも李さんも、まず朝起きたら洗顔もそこそこに近所の酒樓へ直行。そこで新聞に目を通すようでなければ香港人ではない。

酒樓で飲茶をする手続きは、たいへんに簡単だが、順を追って説明しよう。まず、どこでもいいからテーブルにつくと（相席でもかまわない）、むこうから〈伙記《ウエイター》　ふぉ・けい〉がやってくる。「いらっしゃいませ」とか、そんなおべんちゃらはいってもらえない。いきなりぶっきらぼうに、

* 広東系で，あるていどの規模がある酒樓だけ。飲茶タイムは昼すぎか，おそくとも2時半まで。そのあいだはふつうの料理は，原則としてださない。

ポット　こうやって，フタをずらしておくのは，「お茶が切れたゾ！」のサイン。すぐウェイターがとんでくる。

このくらいで一人前　（下）

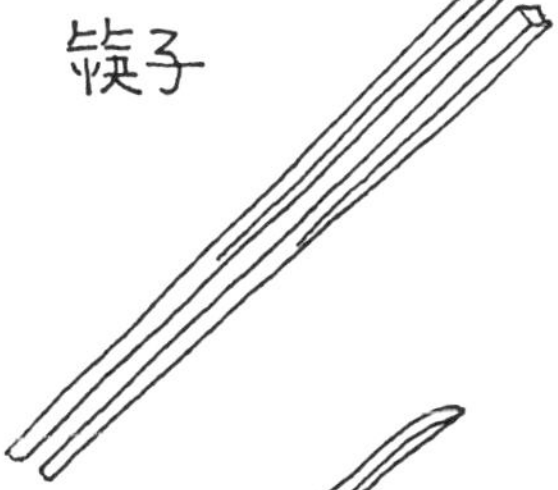

叉焼飽

蝦餃

焼売

「飲乜　茶〈やむ・めっ・いぇ・ちゃあ〉?」——お茶、なに飲む? とくる。さすが本場。お茶にもいろいろ種類があるから、おまえの好みをいえというのだ。ふつうは、次の五つ*ぐらいのなかからリクエストする。

(1)　普洱〈ぽう・れい〉——醱酵茶（紅茶）
(2)　壽眉〈さう・めい〉——醱酵茶（白茶）
(3)　龍井〈ろん・ちん〉——不醱酵茶（緑茶）
(4)　水仙〈そい・しん〉——半醱酵茶（烏龍《うーろん》茶）
(5)　香片〈ひょん・ぴん〉——花茶。ジャスミン・ティー

このお茶の選択という関門さえ通過してしまえば、あとはセルフサービスも同然。點心のせいろを積みあげてテーブルのあいだをまわっているカート——〈車仔　ちぇ・つぁい〉をつかまえる番だが、そのまえにちょっと洒落たマネをしてみよう。〈洗杯**　さい・ぷい〉といって、自分の使う食器一式をお茶ですすぐ。これを慣れた手つきでやると、いかにも通《ツウ》という感じでいい。

古い酒樓ではそのためのボウルをだすが、なければ、まず〈茶杯《ティーカップ》　ちゃあ・ぷい〉にお茶を少し注いで、〈筷子　ふぁい・ちい〉の先の方をチャポチャポとゆすぐ。つづいて〈湯羹《レンゲ》　とん・かん〉も。それがすんだら、茶杯をとりあげて、なかのお茶が茶杯の内側をまんべんなく洗うように、注意深く円運動をさせる。そして最後はそのお茶を〈碗仔　うん・つぁい〉にあけて、同じように内側をきれいに洗っておしまい。むろん、そのお茶は飲まないで近くのタン壺などに捨てる。手近かに捨てるところがない場合は、となりの席にセットし

* ちょっとした酒樓は10種ぐらいそろえている。(1)がもっともポピュラーで，ふつうはこれ。(5)を飲むひとはひじょうにまれ。ガイジン専用で，イモだからよそう。

** 香港人は，酒樓がちゃんと食器を洗うかどうかは疑わしいと考えている。また，これをやってみせることによって，自分はいかに清潔好きな人間であるかということをアピールしている。

てある茶杯をひっくりかえして、そこにあけて知らん顔をしてしまう。

それからおもむろに〈茶壺《ポット》 ちゃあ・うー〉をとりあげて、まず一杯。格好をつけるためには、すぐ點心、點心とあわてない方がいい。車仔はそれぞれ受けもちの點心の名を唱えながら流してくるから、新聞に目を落としたまま耳だけで注意していて、二、三台やりすごしたあと軽く手をあげる。こうできると粋だが、點心の名もわからないのでは話にならない。

その場合は、立ちあがって勝手にせいろのふたをとり、中味を点検してしまうしかない。おこられたらニコニコして——「唔該《ドーモ》〈んー・ごい〉、唔該《ドーモ》!」

點心は、手あたり次第にためしてみるのもいいが、系統的にいうと、

車仔妹〈ちゅ・つぁい・むい〉 カートを押す飲茶娘だが，最近はパートのおばさん(下)が多い。憂慮すべき事態だ。

煎堆

(1)　叉焼飽《ニクマン》〈ちゃー・しゅう・ぱう〉、焼賣〈しゅう・まい〉、蝦餃〈はー・がう〉（エビ入り蒸しギョーザ）の類——かわでくるんで蒸したもの

(2)　鳳爪〈ふぉん・つぁう〉（トリのつまさき?）、紙包鶏〈ちい・ぱう・がい〉（トリの紙包み焼き）の類——味つけをした鶏肉や猪肉

(3)　煎堆〈ちん・とい〉（揚げまんじゅう）、馬拉糕〈まあ・らっ・こう〉、（ふかしパン）の類——甘いデザート

の三グループがある。食べ方に決ったルールはないが、(3)からはじめるのはやっぱりヘンだろう。また、はじめにとった點心がまだあるのにつぎつぎ欲しくなって、テーブルのうえをせいろだらけにしてしまうのも考えものだ。

お茶が濃くなりすぎてしまったら、伙記を呼んでお湯をささせる。お茶はじゃんじゃん飲むべきだが、連れがあるときは、あいての茶杯がからになっていないか気を配る。こちらが注いでもらったときは、テーブルをゆびさきでコツコツとたたくと、これが「サンキュー」の意志表示。香港人なら誰でもする飲茶の作法で、このしぐさを〈叩頭　かう・たう〉*と呼んでいる。

さて、ひと通り満足したら、おもむろに勘定をする番だが、ただひとこと、

「埋單〈まい・たん〉!」——おかんじょう!

と叫べば、たちまち伙記がとんでくる。伙記はテーブルのうえのせいろをいちいち持ちあげて、その下に小皿をかくしていないかたしかめてから、食べた数をかぞえる。勘定がすむと伙記は筷子《ハシ》を十字にしてせいろのうえに置いていく。これで、この席は精算がすんでますよ、というサインになるわけだ。

* むかしはエライひとの前へでると頭を床に叩き(?)つけた。いまはゆびさきで代用。

鳳爪

涼茶舗〈りょん・ちゃあ・ぽう〉

つめたいお茶を各種とりそろえて飲ませるスタンド。といっても，熱いのを飲むふつうのお茶とはぜんぜん別の系統で，似ても似つかぬ飲みもの。やたらと甘いのもあれば，口がまがるほど苦くて，虫下しみたいなのもある。甘いのは〈竹蔗汁　ちゅっ・つぇ・ちゃっ(ぷ)〉で，これはさとうきびのジュース。苦いほうの代表は〈亀苓膏　くゎい・りん・こう〉。知らずにぐっと飲むと胃がねじくれてしまう。ほかに，〈五花茶　んー・ふぁ・ちゃあ〉とか，〈菊花茶　きっ・ふぁ・ちゃあ〉など，このへんは飲める。おおむね煎じ薬だと思って，よく心の準備をしてから注意深く飲めば，泣きをみることも少ない。グラス１杯５，６毫から。

焼臘飯店

店頭にずらりとぶらさげた、ブタの丸焼き、トリの丸焼き。歩道に持ちだした、木の切り株ほどもある円型のぶ厚いまな板。まえかけをした威勢のいいおやじが、ダンビラをふりあげて、エイヤッと、焼きブタをブッタ切っている。

ヒョイと奥をのぞいてみて、汚いテーブルが目に入れば、そこが〈焼臘飯店　しう・らっ（ぷ）・ふぁん・てぃむ〉。おもてにぶらさがった丸焼き（のほんのひとっかけら）を、熱いごはんにのっけて食べさせる。単純にして美味。簡素にしてボリュームたっぷり。これだけは何度食べてもあきない、香港の味だと思う。

もともと各種丸焼き――〈焼臘〉屋が本業。店内で食わせるのはかた手間みたいなものだから、メニューはしごく簡単。まずオーソドックスな選択は、

〈焼肉飯　しう・ゆっ・ふぁん〉――ブタ丸焼きコマ切れ丼。

せんべいみたいにカリカリになった香ばしい皮と、その下のぶ厚い脂肪は、かみしめるほどに味がでる。これではいかにも味が単調にすぎるというひとには、

〈蜜汁叉焼　まっ・ちゃっ（ぷ）・ちゃあ・しう〉飯――あまからチャシュー丼なんかがいいだろう。もう少しさっぱりしたメニューもある。

〈白切鶏　ぱっ・ちっ・がい〉――飯トリの白蒸し丼。

これはきざみネギの入った油のタレをかけて食べる。淡白な味わい。

腹いっぱい食べたいときは〈碟《サラ》　てぃっ（ぷ）〉で注文し、それほどでもない場合は〈碗　うん〉でとる。皿のほうが大盛というわけで、二、三割方高くなっている。いっしょに食べるものといってもなにもないが、〈例湯《ホームスープ》　らい・とん〉が、

いわば味噌汁がわり。ガラのスープに青菜をたたきこんだだけのものだが、なかなかいける。輪ゴムやマッチの軸が入ってたぐらいで文句をつける客は、誰もいない。モゴモゴと口のなかでより分けて、テーブルの上へ「ペッ」。

焼肉飯　お茶はタダ。

C　粥麺専家

飲茶をするには時間が悪い。酒楼で食べるほど時間もない。でもなにかちょっと腹に入れたい――というとき、香港人は街角の〈粥麺専家　じょく・みん・しん・か〉へとびこむ。読んで字のごとく、粥と麺の専門店で、営業時間は午前中から夜中まで。いつ行っても、絶対に食いっぱぐれがないのがいい。

メニューは、次の四つのカテゴリーに分かれている。

(1)　麺食〈みん・せっ〉類――汁ソバいろいろ
(2)　撈麺〈ろう・みん〉類――汁なしソバ（焼きソバではない）いろいろ
(3)　粥品〈じょく・ぱん〉類――粥いろいろ
(4)　小食〈しう・せっ〉――おかずいろいろ

広東風の麺は、ひじょうに細いのが特徴。いわゆる春雨よりまだ細いくらいで、慣れないと食べづらいが、麺のコシは強くて歯ごたえは充分。この麺をごく色のうすいしょうゆ味のスープで食べるのが(1)だが、どういうわけか量が少ない。一食ぶんのどんぶりは、せいぜい味噌汁のお碗ていどしかないから、ラーメン*のように一杯で満腹というわけにはとてもゆかないのだ。

この細い麺とはべつにもうひとつ、〈粉　ふぁん〉という一種の「きしめん」もある。ちょうど日本のソバとうどんの関係にあたり、(1)の場合は〈粉麺同價〉、そのどちらを「台」にしても、「具」が同じならねだんは変わらない。具のバ

* これと「冷し中華」は香港にない。

リエーションは、ざっと十五種類ほどあって、いちばん高いのと安いのとでは、ねだんに倍近いひらきがある。

(1)でいちばん高いのは、どの店でも〈魚片上湯　ゆぃ・ぴん・しょん・とん〉麵。魚片というのは、川魚の〈鯇魚　わん・ゆぃ〉(草魚)のうすいなまの切り身で、これを麵のうえにちらして食べる。その次くらいに高いのは〈叉焼　ちゃ・しゅう〉麵。あとは「豚足」入りの〈猪手　ちょ・さう〉麵とか、〈雲呑　わん・とん〉麵など。ただの「かけソバ」はないようだ。

調理場　は通りに面したガラス張りのなか。入口の左右にひとつずつあって，ふつうは右側が麵，左側が粥用。粥は，大釜に仕込んであるのを温めるだけ(下)。

(2)の撈麵は、さっとゆであげた麵の水気を切り、食用油をひとさじふりかけて皿に盛ってある。焼きソバほどしつこくなくていい。具はおおむね(1)と共通だが、スパゲッティ・ミートソースに似た〈京都《ペキン》炸醤　きん・と・つぁ・ちょん〉、撈麵（いわゆるジャジャーめん）のように、撈麵だけにしかない具もある。

(3)の粥は、これまた広東風で、お米のツブツブがなくなるまで徹底的に煮くずしてある。歯でかむ世話がなくていいが、なにかモノを食べたという気がしないのが欠点。いちばん高いのは〈鮑片　ぱう・ぴん〉粥。あわびのうす切りがふんだんに入っていて、たしかにこれは豪華な感じがする。

麵も粥も量がたいしたことないので、たいていのひとは(4)を一品とって、おかずにする。もっともオーソドックスな選択は、〈菜心　ちょい・さむ〉という「菜の花」によく似た野菜をゆでて、〈蠔油《オイスターソース》〉をかけたひと皿。メニューには〈蠔油菜遠　ほう・やう・ちょい・ゆん〉の名で、でているはずだ。

鮑片粥

蠔油菜遠

鮮蝦雲呑麵

魚片撈麵

D　大牌檔と買い食い

〈大牌檔　たい・ぱい・とん〉（熟食檔）にあたるうまい日本語はない。強いていえば、路上固定式大型屋台ということになるが、とにかく日本のおでん屋の屋台とはくらべものにならないくらい、でかい顔でのさばっている。形態は二種類あって、車道のはしに屋台をすえ、その周囲と歩道上に折りたたみいすとテーブルを配置するやり方がひとつ。もうひとつは、袋小路とかビルとビルのすきまに簡単な屋根をかけわたして、その下の空間に店をひらく。

前者には、粥を食べさせる〈粥檔　じょく・とん〉とか、麺をだす〈麺檔　みん・とん〉など、単一の食べものをあつかう専門店が多いが、後者には、まともな酒樓とすこしもちがわないぐらいの、大がかりなものがある。* ただちがうのは、お客が食事しているテーブルのすぐわきで、ダンビラをふりかざした料理人が、地面にしゃがみこんでブタの顔面をたたき割っていたりするところだが、そういう光景をながめながら食べると、食欲がすすんでいい。

夏の夜半、すずしい夜風に吹かれながら食べるのも悪くないが、大牌檔の楽しみのひとつは冬場の鍋物。土鍋で煮こんだ〈煲　ぽう〉だとか、七輪にアルマイトの鍋をのっけてする水たき――〈生鍋　さん・うぉ〉など、腹をすかせた通行人にみせびらかしながらつつくのが、なんともいえない。大牌檔には、メニューなどないから、よそのテーブルを指して、「アレ！」という。

* 〈潮州菜〉は，マイナーな料理なので，専門の酒樓は少ないが，大牌檔にはよくある。大牌檔の経営者には潮州人が多いらしい。〈潮州粥〉も広東のとは一風変っていて，試してみる価値がある。

一元おくれ！

路上小販から買い食いをするのには、べつになんのルールもコツもない。ものによっては、「ひとつおくれ！」のかわりに一元玉をだして、「一元おくれ！」でもいい。するとその分だけイカのあたまなどをはさみでチョン切って、つま楊子にさしてくれる（一元以上ださないこと。食べきれない）。

シーズンによってちがうが、〈熱蔗　いー・つぇ〉（蒸したさとうきび）とか〈酸菜　しん・ちょい〉（酸漬けのくだもの）、または〈鹽[illegible]蛋　はむ・こっ・たん〉（塩味ゆでたまご）など、ざっと数十種。奇妙な食べものがいっぱい。

大牌檔　あまり車道に近いテーブルだと，食事中くるまにはねられる危険がある。

炸魚蛋〈つぁ・ゆぃ・たん〉　魚のすり身を野菜などに詰めていためたもの。天ぷらに似ている。大牌檔や小販が使う調理用熱源は，すべて〈火水〉（石油）。写真手前に見える手押しのポンプで加圧して，中国料理に必要な強い火力を得る。

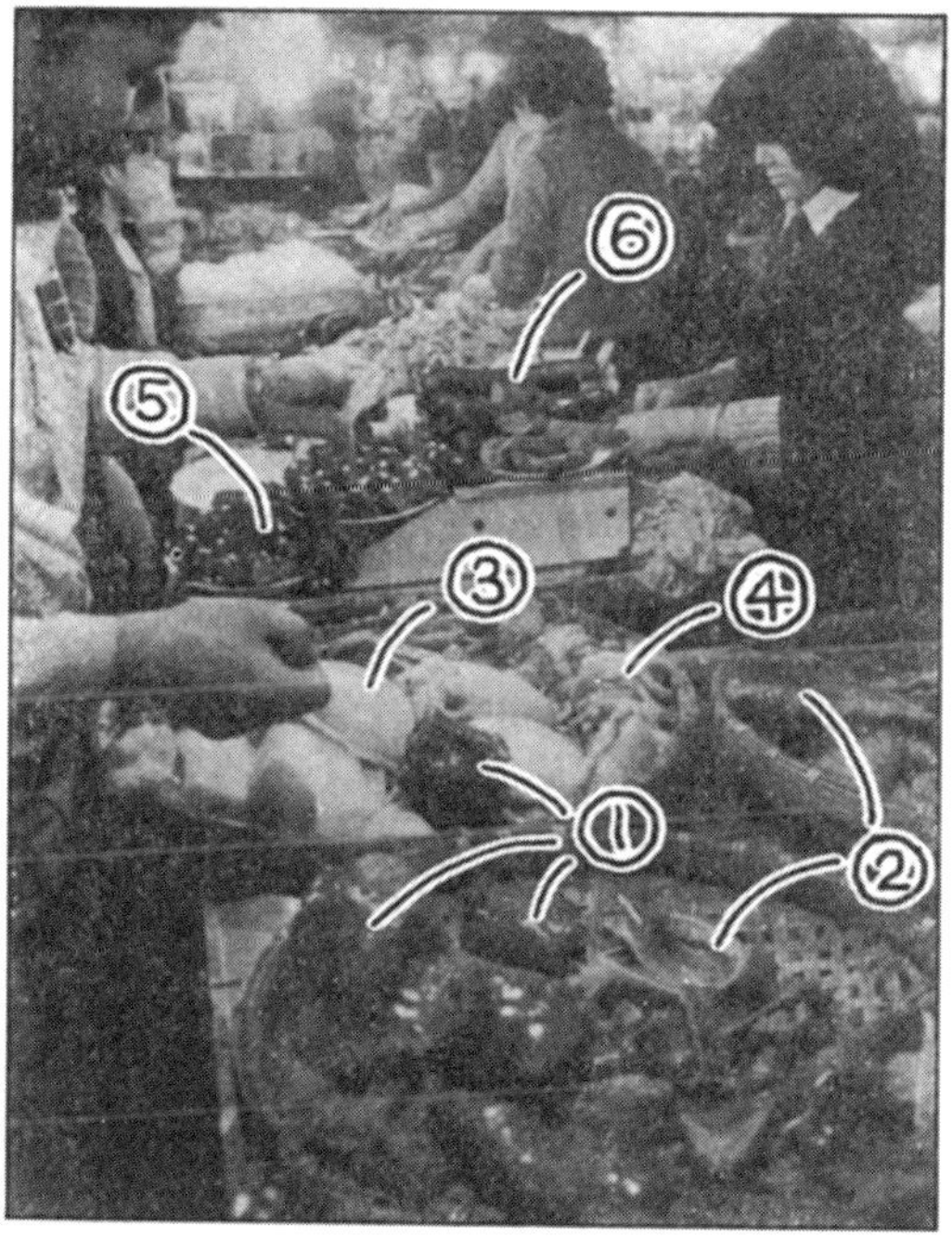

味欓〈ろう・めぃ・とん〉①〈猪鼻　ちょ・ぺぃ〉（ブタの鼻），②〈猪耳　ちょ・ちー〉（ブタの耳），③〈墨魚　まっ・ゆぃ〉（イカ），④〈生腸　さん・ちょん〉（ブタの尿道？），⑤〈鴨腎　あっ（ぷ）・さん〉（アヒルの腎），⑥〈大腸　たい・ちょん〉（ブタの腸）——などなどを，〈鹵水　ろう・そい〉という濃いスープ（ソース）で，煮たり焼いたりしてある。「ホルモン焼き」または煮込みという感じ。

焗番薯　〈こっ・ふぁん・しぃ〉おなじみ焼きイモ屋もある。やっぱり女の子が食べる。

珈琲舗

パリのカフェほど明るくて開放的でもなく、日本の喫茶店ほど密室的でもない。香港の〈珈琲舗*か・ふぇい・ぽう〉は、なにかもっと実用的で殺風景なたたずまいをしている。床はタイル、いすは硬い木のベンチで、観葉植物ひとつ置いてあるわけではない。おまけに注文を取りにくるのは、仏頂面をしたおっさん。

特色があるのはそこで飲む珈琲だが、これはギネス・ブックもので、特大のカップにはじめからミルクが入ってでてくる。量は少なくとも日本の二倍以上はあり、そして、味は文句なく世界一——まずいと断定できる。「ホット」は〈熱珈琲　いー・か・ふぇい〉、氷の入った「アイス」は〈凍珈琲　とん・か・ふぇい〉という。メニューは多種多様で、中国料理と飯《ごはん》類以外はなんでもある。

(1) 熱飲〈いー・やむ〉、凍飲〈とん・やむ〉類——ホット&コールド・ドリンク
(2) 果汁〈くぉ・ちゃっ(ぷ)〉類——ジュース
(3) 雪糕〈しゅ・こう〉、冰〈ぴん〉類——アイスクリームとかき氷
(4) 新地〈さん・てい〉、梳打〈そー・た〉類——サンデーとソーダ
(5) 三文治〈さーむ・まん・ちい〉類——サンドイッチ
(6) 麥片〈まっ・ぴん〉類——オートミール
(7) 意粉・通粉類——スパゲッティとマカロニ

これ以外に、珈琲舗ではかならずおもてにショーケースがあって、
(8) 蛋糕〈たん・こう〉類——ケーキ
を売っている。飲み物といっしょにこれを注文するお客も多い。

* 〈珈琲廳〉〈冰室〉など，名前はちがっても内容は同じ。ただし，〈珈琲屋〉（コーヒーハウス）になると，ホテルのなかとか高級な感じになる。

(1)では〈奶茶《ミルクティー》　ない・ちゃぁ〉や〈檸檬《レモン》　にん・もん〉茶《ティー》をはじめ、〈朱古力《チョコレート》　ちゃ・こ・りっ〉〈阿華田《オバルチン》　あ・わー・てぃん〉なんかが、珈琲についでよく飲まれているが、日本にないのは〈熱可楽《ホット・コーラ》　い・ほぃ・ろ〉。これは変っている。

(3)のかき氷は、「氷金時」風のものからいろいろあって、たいてい雪糕《アイスクリーム》入りでこってりしている。(4)の顔ぶれは日本とほぼ同じ。(5)のサンドイッチと(6)は、イギリスの影響でバラエティーに富んでいる。〈公司《クラブ》　くん・しい〉三文治《サンドイッチ》だとか〈火腿《ハム》　ふぉ・とい〉三文治、〈鶏蛋《タマゴ》　がい・たん〉三文治など、おなじみのものもあるが、いずれも呼び名が長すぎるので注文のときは省略型でいう。

「一杯〈やっ・ぷい〉熱珈琲、一個〈やっ・こ〉蛋治！」

日本風にいうと、「ホットとタマゴサンドね！」——。

熱珈琲（右）と，最低でもレモンが5枚は入る**檸檬茶**（下）。焼きたてを食べる**蛋達**〈たん・たっ〉（カスタード・タルト）。

E　香港の酒

ずらりそろった世界の洋酒と、中国全土から集めた銘酒の数々。香港の酒はバラエティーに富んでいて、しかもとびきり安いときている。ところがそのわりに、香港人は大酒を飲まない。飲むとしても宴会のときか、家でチビチビやるくらい。街で酒を飲むという習慣はほとんどない。したがって、街角に一パイ飲み屋もなければ、酒を飲ませるバーもなく、また酔っぱらいもいない。*

暑いから〈啤酒《ビール》　ぺい・ちゃう〉はわりとよく飲む。次が〈白蘭地《ブランデー》　ぱっ・らん・てい〉で、これはふつう水割り（！）でガブガブ飲むもの。** イギリスの植民地なのに〈威士忌《ウイスキー》　わい・しい・けい〉の人気はパッとしない。一方、伝統の中国酒は、今日ではもっぱら老人が背中をまるめてピチャピチャなめるものと相場が決っていて、なんとなく貧乏ったらしい印象がつきまとう。バカのひとつ覚えのように老酒《ラオチユウ》、老酒と騒ぎたてるのも日本人観光客だけで、わざわざ日本人用に老酒をおいている観光酒楼もあるくらいだ。

しかし、いくら安くても、コニャックの水割りばかり飲んでるのもバカバカしい。せっかく何十種類ものめずらしい中国酒が手近かにあるのだから（士多や辦館にいくと、ポケットびんがそろっている）、それを試してみないという手はない。ひと通りなめてみるだけで、一週間や十日はかかるだろう。

中国には、一九五二年に選ばれた〈中国八大名酒〉というものがある。

* 香港の年間アルコール消費量は12万キロリットルで，80%が啤酒。あと洋酒と中国酒が10%ずつ（観光客の土産用含まず）。

** 安いから，レミーマタン（VSOP），ヘネシー（3スター）級が2千円ちょっと。酒類（と煙草，香水，化粧品，石油）には税金がかかっているが，ほんのわずか。

(1) 汾酒* 〈ふぁん・ちゃう〉——山西省
(2) 茅台酒 〈まう・とい・ちゃう〉——貴州省
(3) 西鳳酒 〈さい・ふぉん・ちゃう〉——陝西省
(4) 特麯酒 〈たっ・くっ・ちゃう〉——四川省
(5) 加飯酒** 〈か・ふぁん・ちゃう〉——浙江省
(6) 金奬白蘭地《ブランデー》 〈かむ・つぉん・ぱっ・らん・てい〉——山東省
(7) 紅玫瑰葡萄酒《ワイン》 〈ほん・むい・くゎい・ぽう・とう・ちゃう〉——山東省
(8) 味美思《ベルモット》酒 〈めい・めい・しい・ちゃう〉——山東省

このうち(1)から(4)までが〈白酒　ぱっ・ちゃう〉(蒸溜酒)で、(5)は〈黄酒　うぉん・ちゃう〉(醸造酒)。あとは中国製「洋酒」だが、味の方はたしかにユニークではある。この八つのほかに、一九六二年に選ばれた〈全国優質酒〉十種というのもある。こちらには四川省の〈五糧液　んー・りょん・ぢっ〉、山西省の〈竹葉酒　ちゅっ・いっ(ぷ)・ちゃう〉、山東省の〈青島　ちん・とう〉啤酒《ビール》など、香港でもよくお目にかかる銘柄が入っている。北京の〈夜光杯***紅葡《ワ》萄酒《イン》　いえ・くぅん・ぷい・ほん・ぽう・とう・ちゃう〉あたりは、味はともかく名前がロマンチックだ。茅台や汾酒以外は、みなひじょうに安い。

なぜか〈名酒〉には入っていないが、地元廣東省には米から作った白酒があって、それにトカゲを入れた〈蛤蚧酒　がっ・がい・ちゃう〉が名物。〈田鼠仔酒〉(廣西自治區)という。びんのなかをネズミの赤ん坊が泳いでいる奇妙な酒もある。——まずは、ネズミ酒で〈飲勝《カンパイ》　やむ・せん〉!

* 杜牧の有名な詩「——借問酒家何処有／牧童遙指杏花村」の舞台,杏花村でできる酒がこれ。ウオッカなみに強い。

** 浙江省紹興の〈紹興酒　しう・ひん・ちゃう〉。老酒のこと。

*** 唐詩選「涼州詞」(王翰・作)の「葡萄美酒夜光杯／欲飲琵琶馬上催／酔臥沙場君莫笑／古来征戦幾人回」をふまえている。夜光杯はペルシャから西域に渡来したガラスの酒杯。正倉院にもある。

イヌを食べる

香港ではイヌを食べるという話を聞きかじって——ヘンな店で食事すると、イヌの肉なんか入ってるんじゃない？　と、本気で心配する日本人がいる。これはとんでもない誤解で、イヌはめったに口に入らない大ごちそうの部類。〈狗頭羊肉〉のインチキはあるかも知れないが、その逆をやったら採算があわない。だいいち、イギリスが支配する香港では、イヌを食べるのはきびしい御法度。*

イヌを殺したひと——罰金千元、およびブタ箱六か月。

イヌを食べたひと——罰金千元、およびブタ箱六か月。

料理マニアかなにかが、材料の下ごしらえからなにからぜんぶひとりでやった場合は、この両方が適用される。したがってイヌを食べようと思ったら、民族文化擁護の使命感に燃え、反植民地主義の非合法活動にとびこむくらいの覚悟がいる。うまいもののまえには、弾圧も下獄も恐れないのが、香港人なのだ。**

イヌならなんでも食べられるというわけではない。イヌには中国犬——〈唐狗　とん・がう〉と西洋犬——〈番狗　ふぁん・がう〉の二系統がある。香港のイヌはたいてい身元不明の雑種だが、ともかく食べていいのは唐狗の方。番狗は煮ても焼いても食えない、と香港人は決めている。野良犬はたいてい番狗で、唐狗をぜんぜん見かけないのは、オトナになるまで生き残れないからかも知れない。

唐狗のなかでも最上とされているのは〈烏狗　うー・がう〉という黒イヌで、赤イヌはだめだという。あまり大きくなりすぎてもだめで、生後一年半ぐらいまでが限度。これを骨つきのブツ切りにして、ふつうは味噌仕立ての鍋物にする。

* 中国本土，マカオではもちろんＯＫ。もっとも，イヌを食べるのは広東人の習慣で，中国人いっぱんは食べない。

** 毎年20人ぐらいが，この弾圧法の犠牲になってつかまっている。

多少臭みがあるので、生姜をはじめ各種の香りの強い野菜を加える。

　相当の人数がないと、とても一頭分は食べきれないので、口の固い親類縁者や知人なども秘かに招待して、大勢で鍋をかこむ。かわいかったポチの思い出話などもでたりして、和気あいあい。秋から冬にかけての楽しい家庭料理のひとつ。

←**これが烏狗**　ただしトシをとりすぎ。下の飼いイヌの兄弟は，みんな飼い主一家の腹のなか。ボクだけが選ばれて生き残っています。

←**イヌ鍋**　小皿のなかに残っているのは，かつてじょうずに「お手」などをした前足のホネ。

ヘビを食べる

ヘビのシーズンがはじまるのも立秋から。酒樓の前に「秋風起　三蛇肥」――の文字とヘビを描いた看板がでる。ブーツをはいたお洒落な娘がそれを見て、うわぁ、おいしそう！　こうして香港では、ひとシーズンに百万匹*近いヘビが食べられてしまう。一四一メートルとして、つなげば全長一千キロになる計算。

ヘビといってもかば焼きにするわけではなく、〈蛇羹〉というヘビの「中華風ポタージュ」にするのがいっぱん的。ふつう三種類のヘビをブレンド（？）するので、〈三蛇羹〉。五種類入れたデラックス版を〈五蛇羹〉という。三蛇**は〈金脚帯〉と〈飯鏟頭〉と〈過樹溶〉、五蛇になるとこれに〈三索線〉〈白花蛇〉を加える。〈蛇宴〉と称して、蛇羹からはじめてヘビづくしの料理がならぶこともあるが、これは単なる趣向。うま煮やいためものなど、いわれなければヘビ入りだと気づかないようなものばかり。もともとヘビは冬にそなえた滋養強壮食品――〈補品〉として食べるもので、ねだんは高いがとくにうまいものでもなんでもない。ただクスリと信じて効果を期待するかどうかなのだ。

そこで珍重されるのが〈蛇膽〉、すなわちヘビのキモで、腹から取りだしたばかりのやつをキモ酒にして飲ませる。ヘビ料理人はお客の見ている前でやおらヘビの首根っこをつかまえ、まず片足でしっぽをふんづけて棒のようにのばしてしまう。それから腹のあたりをそろりそろりと愛撫してヘビを油断させ、ぬかりなく指先でさぐっておいたキモの位置にいきなりナイフを突きたてる。取りだしたキモは小指の先ぐらいで、杯にとって白酒をそそぐと酒は泡立って緑色に変わる。こいつをぐっとやれば、効果はポパイのほうれんそうだというけれど、なんだ

* 大部分は廣東省饒平縣産の養殖ヘビ。廣東省のヘビはぜんぶで140 種と，中国一多い。

** 〈金脚帯〉(Banded Krat) と〈飯鏟頭〉(Chinese Cobra) は毒蛇。とくに後者はコブラで，咬まれたらイチコロ。長さはそれぞれ 1.8m と 1.4m もあり，不気味に太い。香港にはこのふたつを含む29種（有毒 6 種）のヘビが棲息するが，市街地にはでない。

か気色わるい。ハゲ頭をてらてらさせたおっさんが、ありがたそうに飲んでいる。これにくらべれば、「スーパー・スタミナ・シチュー」ともいうべき〈龍虎鳳大會〉というテーブルは、はるかにまともだ。龍はヘビ、虎はネコ*、鳳はニワトリで、天下無敵の龍虎鳳をひとつに煮こんであるのだから、これ以上のものはない。

スネーク・スナック　ヘビ料理は専門の大酒樓に行かないと食べられないが，裏通りの小さなヘビ屋が店内で〈蛇羹〉をだすこともある。庶民はもっぱらここで，ヘビスープに舌つづみをうつ。男の背後はヘビを入れたタンス(?)，手前は客寄せのヘビかご。

〈金脚帯〉　(和名・アマガサヘビ)。黒と黄のだんだらで，踏切の遮断機に使えそう。

* ネコといってもキャットではない。〈菓狸〉という，木の実で育てた，タヌキ風の奇妙な小動物。

3　上海式

A　床屋について

香港の街は、いまでも往年の上海の幻影をひきずっている。たとえば、床屋と美容院とテイラー。この三つは「上海」でなくてはならない、というのが香港のきまりだ。寿司屋ののれんには日本全国どこでも「江戸前」とあるように、ほんとうの上海仕込みであろうとなかろうと、上海人の経営であろうとなかろうと、床屋と美容院とテイラーのほとんど三軒に一軒は看板に上海とうたってある。なかでも床屋は、知らない人が見たら中国語では床屋のことを「上海」と書くのかと思うほど多い。

解放前の上海は、西欧植民地文化の花咲く魔都、つまりハイカラということでは中国一、いやアジア一で、香港などは足元にも及ばなかった。上海租界の中心街バンドあたりの威容と香港のセントラルでは、ウォール街と兜町、シャンゼリゼと原宿の表参道ぐらいの差はゆうにあったと思われる。

当時の上海のシティボーイ・シティガールにいわせれば、さしずめカッペの代表が北京、香港はダサい南の島。その頃のトウキョウなどは、その名を口にするのもいまわしいイモのイモの田舎まちだったろう。それほど上海は粋でモダンなところだったから、中国じゅうの田舎者はいつも「上海」の二文字をまぶしくながめて、それを「ナウ」というふうに読み下していた。

そして一九四九年、あっけなく上海崩壊の日がやってくる。そうなると、もっぱら都会の男女を相手に商売をしていた仕立て屋、パーマ屋、床屋などは、完全におまんまの食いあげだから、脱出する外国人や金持にくっついて、てっとり早く香港へ走った。と、たどりついた香港では、すでに地元の床屋が「上海」の看板をかかげて商売をしている。あ、これはずるい。こちらは正真正銘の上海仕込みなのだと「上海」を特筆大書した結果、いまのように「上海」だらけになってしまった。

飛髪舗

で、くだんの「上海」床屋なるものはどういう床屋なのかというと、三十年前の上海風がちっともナウでないのはしかたがないとしても、いったいどこが上海風でどこが洒落ているのか、わからない。ただの床屋なのだ。もともと床屋に「北京」や「広東」や「四川」があるわけはない。つまり看板に「上海」と書けばそうなるし、書かなければそうならないのだ。

床屋のことを、広東語では〈飛髪舗　ふぇい・ふぁっ・ぽう〉といい、ふつ

〽上海ィ帰りィーのォー……。

うは通りに面した一階＊にあって、床屋のサインは万国共通、赤白青のぐるぐる回転する例のやつがおもてにだしてある。ただし香港のサインは、日本のにくらべて赤白青のストライプがいくぶん細目で、回転も早いような気がする。

　香港の床屋の形態で日本とちがうところは、しばしば床屋と美容院がひとつの店に同居しているところだ。たとえば「〇×理髪公司」という看板を出した床屋のドアを押すと、一階が〈男賓〉部で、階段を上った二階が〈女賓〉部、つまり美容院になっているのだが、それがおもてからではよくわからない。

　このタイプは、いまだに「上海」を大きく看板にうたっているような、どこか古臭いたたずまいの店に多く、一階と二階の場合はかならず一階が〈男賓〉部で、その逆というのは見たことがない。美容院のドアを押したらなかに男用の床屋もあった、ということはありえない。だがまれに、銭湯のように入口が左右に並んでいるというケースはありうる。

　むろん〈電髪舗《パーマやさん》　でぃん・ふぁっ・ぽう〉と呼ぶ独立した美容院はいたるところにあるが、いっぱんにこちらの方は看板も現代的で、〈髪型設計屋《ヘア・デザイン・ハウス》〉だとか〈髪型沙龍《ヘア・サロン》〉を名のっている場合が多い。屋号も洒落ていて、西洋の女の名前などがついているところは日本と同じセンス。

サービス

〈女賓〉部はどうだかわからないが、床屋のサービスは、たいへんにいいというべきだろう。まず座るやいなや、間髪をいれずタバコと新聞がでてくる。タ

＊ 1階にない場合は，もしかしたらその床屋は〈女子理髪廳〉かもしれない。92ページを参照。

バコはたいてい総督（Viceroy）と健牌（Kent）の二種類で、バラしてプラスチックのケースに入れてある。それを小僧がささげもってきたら、うれしそうな顔をしないで一本とり、すでにマッチをつけて待っているもうひとりの小僧の方へおもむろに顔を向けて、このときはじめてウムと軽くうなずく。地元の客はみな、そういう作法でやっている。

　それから、三人目の小僧ないしは見習いの少女がひろげて差しだす中文の新聞を受けとるのだが、この新聞もバラででてくる。社会面がきてもスポーツ面がきても、読めても読めなくても、文句をいわずにでてきたものを黙ってなが

メニュー　床屋のおもてに掲げてある。設備・技術ともに東京と同水準で，しかも料金はずっと安く仕事は速い。荷物にならない香港みやげとして，お買徳だろう。

める。こうして、くわえたばこで新聞を読みながら頭をやらせるというのが、もしかしたら三十年前の上海では洒落ていたのかもしれない。

床屋の内部の造作というものは、病院のそれと同様、もともと西洋の近代医学・衛生思想の産物だから、世界中どこでも共通で個性にとぼしい。香港の場合も、日本の床屋*の風景とほとんど寸分もちがわない。おまけにここでは、白いうわっぱりを着た職人が日本人と見分けがつかないうえに、われわれにもナットクのゆく「床屋ヅラ」をしているので、なんとも妙な気がする。

髪型

ただしそこで製造されるヘアスタイルには、おのずと文化と伝統からくる偏差があり、まだ流行の世界的タイムラグがあって、たとえば香港でもっともあたりまえだと思われる若い男の髪型は、次にあげる三種。

(1)　五四運動型
(2)　英国少年型
(3)　ブルース・リー型

(1)の五四運動型は、おそらくもっとも古くからある髪型で、日本でいうちょっと古くさいぼっちゃん刈りに似ている。スソはバリカンで刈りあげ、前髪はひたいにかかる程度。ただしぼっちゃん刈りのように前を一直線に切りそろえることはせず、通常分け目はつけない。今日の中国ではもっとも一般的な髪型で、実用的にして簡素、香港でも労働者層に普及している。

* 日本で最初に洋式の床屋を開業したのは，横浜の開港とともに渡ってきた中国人だという。いまでも横浜には，中国人床屋が2軒残っている。山下町106番地の「富士理容館」のオヤジは上海人。

辮髪のくびきを断ち切った中国の近代化のなかから最初に現れたのがこの髪型で、五四運動を描いた絵や版画のなかの学生たちは、すでにこのあたまをしている。いわば明治のザンギリあたまだが、そのときそれを叩いてみて「文明開化」の音を聴いたか「民族解放」の音を聴いたかで、両民族のその後に大きな差がでた。日本のザンギリあたまの方は、どんどん短くなり、ついに兵隊の坊主あたままでいった。それが中国ではどうだったか。カミをあなどってはいけないという、教訓に満ちた歴史的髪型がこれ。

(2)の英国少年型は、香港のぼっちゃん刈りといっていい。五四運動型よりは全体に長めだが、スソをバリカンで刈り上げない。ただなんとなく髪の流れのそのままにすきこんだかたちで、分け目ははっきりせず、ふくらみのないベタ

(1)

(2)

(3)

ッとした印象が特徴。前髪もスソも長さはふぞろいで、プールの水の中からザバッと頭をだしたときなど、誰でもちょうどこんな感じの髪型になる。

紺のブレザーに赤いネクタイ、グレーの半ズボンをはいた英国人の小学生なんかが、金髪をこんな風に刈っていることがある。香港の中国人社会では、階層が高くなるにつれて英国風がはばをきかせる傾向があるが、そういえばこの髪型の中国人少年にはときどき育ちの良さそうなのがいる。きちんと学校の制服を着け、上級学校をめざしているから、したがってド近眼*で、メタルフレームの眼鏡をかけているのである。このあたまがそのまま長髪になると、いささかむさ苦しい感じになるが、これは反対に少年労働者に多い。それも町工場とか酒楼の下働き、トラックの上乗りの少年たちで、連中は一年中Tシャツに半ズボンにゴムぞうりがユニフォームだ。

(3)のブルース・リー型ヘアスタイル。これこそ、この誇り高い植民地に咲いた風俗の花、正真の香港カットというべきだろう。スソ・モミアゲともにたっぷりと厚く、ややこんもりとした頂部から短い前髪が額にオカッパあたま風のラインを描く。

この髪型は、ブルース・リーと同じように善良で明るく、活発でひょうきん、しかも小柄で色浅黒い広東人の若者ならば誰にでもよく似あう。あの李小龍のように文字通り徒手空拳の裸一貫で自己を実現しなければならない、大多数の香港の若者たちにふさわしい髪型なのだ。小粋な身のこなしでテーブルの間をとび回る酒楼のボーイによくこのブルース・リーがいる。

* 受験校の生徒の7〜8割方は眼鏡をかけている。やたらと画数の多い旧漢字と英語を，タテヨコにつめこまれる結果，そうなる。

青空床屋

ちょっとした裏通りの軒下やビルとビルのあいだの狭い空地に、古い理髪イスを一台置いて商売する青空床屋は、じつに気楽でよさそうな稼業にみえる。道具は、ちびたハサミと櫛とバリカンがひとつずつ、あとは裏側の銀がはげ落ちて水玉模様が浮かびあがり、おまけに周囲がまんべんなく欠けた小型の鏡が一面、斜めになってイスの前にぶらさげてある。不潔とはいわないまでもうす汚れた印象で、床屋の廃墟といった感じがする。

鏡のわきの道具箱の上には、ほこりまみれになった安物のトランジスタラジオがあって、これがのべつ歪んだ音をたてている。流れているのは、広東語の歌謡曲。電池の消耗が早いので、たいていはべんとう箱ほどもあるプラスチックケースに入った大きな外部電池を、ラジオにしばりつけてある。

床屋の大将はというと、ラジオから流れる歌を口ずさみながら、半ズボンとランニングシャツで日がな一日理髪イスにねそべり、らくな姿勢で新聞を読んでいるのである。ときどき起きあがってイスをすこし回転させたりするのは、日差しが動いて新聞が読みにくくなるからであって、とにかくそうやってじっとお客を待っている。靴みがきではないから、

「そこの先生《しんさん》！」

などと通行人に声をかけたりはしない。

午前中のお客というのは、せいぜい飲茶のあとの近所の老人ぐらいで、とても商売になるようには見えないが、なんとかやっていけるのは午後から子供の客が

あるからだ。幼稚園と小学校のひけどきになると散髪代を握りしめたゴムぞうりの鼻たれ小僧が、続々やってくる。

もっと小さな子供は母親に連れられてくるのだが、この母親が刈り方にあれこれ口をはさむ。そこで、冗談じゃないヨ、こんなハンパ仕事にそうケチつけられたんじゃ、やってらんないよ……と、よくけんかになっている。ともあれ仕事が速いというのが床屋のきらいな子供には向いていて、ひとりアタマ五分とかからないのだ。店じまいもまたたいへんに早くて、あたりがうす暗くなってもまだやっているということはめったにない。


〈営業〉


青空床屋には、営業の規模と設備によってふたつのカテゴリーがある。ひとつは一応ショバだけはきまっているが固定的な施設はなく、毎日仕事が終われば道具はもって帰り、もって帰れないイスなどだけを隅っこにかたづけておくというスタイル。この場合はもちろん個人営業でイスもひとつ、そのイスも理髪用でないふつうのものだったりする。おおむね、靴みがきと同じ規模の営業だと考えればいい。このタイプを〈走鬼飛髪舗〉*ともいう。

もうひとつは、半永久的な施設をもち、三つ四つか場合によってはそれ以上のイスを備えた大規模青空床屋で、ぜんたいに粗末だということをのぞけば、設備はふつうの床屋にくらべてなんら遜色がない。立地としては、横丁の入口に建物にそって長いひさしをとりつけるか、または路上にせりだした二階の下の空間を使っていることが多い。こちらはレッキとした〈街邊飛髪舗〉。

この場合は、ちょうど映画のセットか舞台装置のように、床屋の壁の三方を残して一方を歩道に向って開放したかたちだから、げんみつにいえば半青空床屋と

* p. 127の〈小販〉の項参照。

いうことになるかもしれない。多少の風雨ならだいじょうぶだし、電気もひいてあるので夜間の営業もでき、ドライヤーだって使える。さらに本格的になると瞬間湯沸し機があり、これだと頭が洗えるというわけだ。

そのかわり料金のほうも、ふつうの屋内床屋とほとんど変わりなくなってしまう。これは困る。すべからく青空床屋は、安直でスピーディーということに存在価値があるのだから。

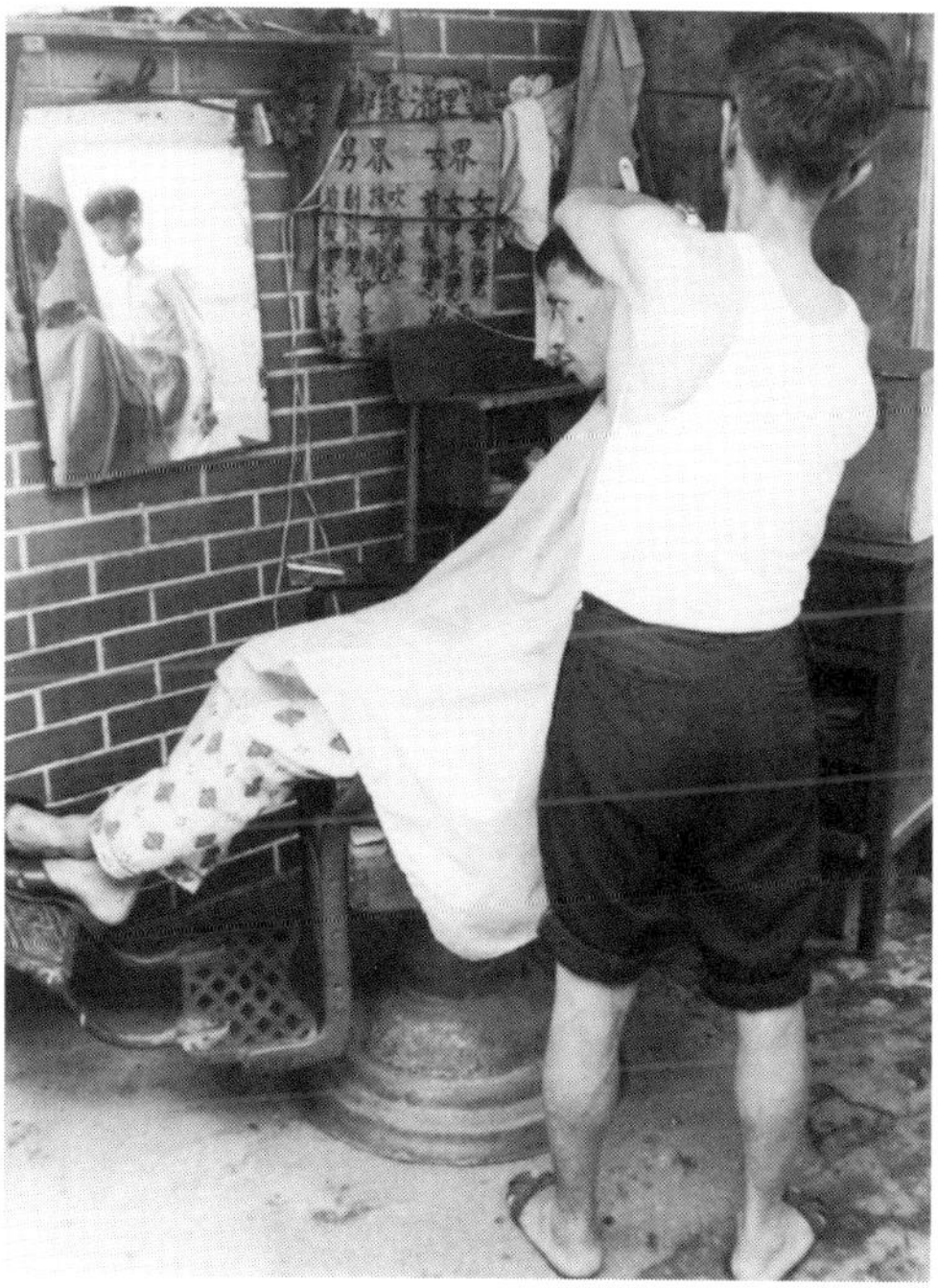

上手そうだからひとつここでやってみるか，と連れの香港人にいうと，「毛ジラミうつされるのがオチだから，よしなさい」と真顔で止められてしまった。

B　上海浴室

香港のフロ屋——便所の二階の公衆浴室が、およそ考えうる公共浴場の最低規準だとすれば、同じ香港の上海式浴室は世界にこれ以上ぜいたくな入浴法があるだろうかと思われるほどの、超快適浴場だ。なにごとも中間というものがないのが香港だけれど、風呂もまたしかり。両者には文字通り雲泥の差がある。

ひと口に説明すれば、日本の銭湯とサウナとトルコ（というと欲情になってしまうが、ここでは本来のスチームバスのこと）の美点をすべていっしょにしたそのうえに、肉体の快楽をとことん追究した中国の伝統文化が燦然とひかり輝く。上海式浴室こそ、まさにおフロのホームラン王だといって少しもさしつかえないと思う。

ただしこの上海式浴室、数が少ないのと、もともと地元廣東のものでないこと、さらにいささか時間と費用がかかることなどで、公衆便所の二階とは反対の意味でやはり一般的ではない。ま、いってみれば無形文化財みたいなもので、お客は金回りのいい旦那衆でなければ話のタネにという好事家、いい若いもんの出入りするところではない。

上海式浴室でお客がうけるサービスは、大別すると次の三種類。

(1)　入浴とアカおとし（擦背）。

(2)　按摩と指圧と〝香港スペシャル〟。

(3)　手足の爪その他の手入れ一般。

このうち(1)と(2)は通常のコースに含まれているが、(3)はオプショナル。いろんなことを頼めばそれだけおカネがかかるしくみになっている。右の(1)から(3)まで、お客についてサービスする服務員はすべてオトコ、つまり三助なのだが、それぞれ厳密な分業が確立している。俗に(1)の担当を海軍、(2)を陸軍、(3)を空軍などともいう。

陸海空三軍という命名には、たんなる駄ジャレ以上のものがあって、いったん入営した者は、相当のシゴキに耐えなければならない。イチジクの葉一枚もない無抵抗なかっこうで、あとからあとからシゴかれることへの不安と恍惚。このマゾヒズムが気持イイ、と気持のわるい告白をするひともいる。

海軍

所要一時間半にわたるコースの最初は海軍の受け持ちだが、まず下ごしらえにサウナ室で汗をかき、さらに念を入れてスチームバス室にまわる。これでからだじゅうの毛孔という毛孔がひらいて、いい具合に蒸しあがってからがいよいよ上海式なのである。日本の銭湯の洗い場によく似たタイル張りの浴室の一隅に、お湯をたたえた広い浴槽があり、これを〈大池〉という。この大池でざっと汗を流してからタイルにねそべって、いよいよ問題の〈擦背〉のはじまり。

日本の三助とちがって、サルマタもつけていなければハチマキもしていない。お客同様生まれたまんま、一糸もまとわぬむくつけきおっさんがあらわれて、固くしぼったタオルをまず自分の右腕にキリリと巻きつける。指先からひじのあたりまで、まるでギブスか包帯のようにすきまなくくるんでしまう。その腕ぜんたいをタワシがわりにして、それで力まかせに背中のアカを擦り落とす。だから〈擦背〉で、これが上海式の呼びものなのだ。

「寸垢モ不レ留メ」の看板の通り、背中からはじめて胸、手足と、およそからだのすみずみまでヤスリをかける調子でゴシゴシゴシ。ふやけきった皮膚からまっくろなアカが、いや、でるわでるわ、まったく驚くほど大量にでる。

「ほら、この通り」と、こすり落としたアカをひとつかみ手にとってみせられたお客は、きょうまで自分がいかに浮き世のアカにまみれた存在であったかを知るのだ。はじめまっ黒だったアカの色がやがて白っぽく変り、なにもでなくなるところまでいってようやく擦背は一段落。この頃には全身の皮膚はまっか、たぶん「ひと皮むけた」いい男になっているはずだ。

陸軍

つづいて陸軍。大部屋をいくつかに仕切って簡易ベッドを置いた個室のようなところへ案内され、バスタオルをしいたベッドにゴロリ。ここで徹底した陸軍のシゴキ、つまり按摩をうけるわけだが、これはなかなかよく効く。

メソッドはおおむね日本の按摩・マッサージ・指圧と大差ないと考えていいが、多少おもむきがちがうのは、もむというよりからだの各部を念入りにたたくというところだろう。手のひらをおわんのようにして、とくに腿からふくら

はぎなどを、ポンポコと景気のいい音をさせてたたく。たたき方には独特のリズムがあって、

ポンポコポンスッポンポン、ポコポンポンポンスッポンポン――

と、8分の6拍子なのである。*

すでにしんからデレデレとふやけきったからだに、二、三十分もこのポンポコをやられると、くりかえしのリズムが次第にあたまの方へも効いてゆく。やがてふわっと意識がなくなって、まどろみがやってくる。

こういうなにげない入口の奥に「快楽」が待っている。

* テンポは「アレグロ・マ・ノン・トロッポ」といったところだろうか。

香港スペシャル

陸軍の仕事は按摩だけではない。よそではちょっと聞いたこともない上海式だけの特殊サービスもあって、これが好きで通うひとも少なくないらしい。

下半身へのスペシャル・サービスなら日本のトルコにもあるけれど、香港のは同じ下半身でも〈香港脚〉のめんどうをみてくれる。香港脚は英語でも Hong Kong foot というくらいで、亜熱帯気候のうえ湿度が高い香港ではひじょうに多い。日本語では水虫という。

水虫もちの解説によれば、水虫にも種類や程度がいろいろあって、重症になると、ただ足の指のまた周辺が痒いだけではなく、水泡ができたりそれがつぶれたり、たいへん難儀なことであるらしい。そこで上海式のスペシャル・サービスは、足の指のまたのあたりで破れかかってぶらさがった皮膚を、手練の指先でていねいにつまみ取ってくれ、水ぶくれなどもひとつ残らずきれいにつぶしてくれるというもの。

香港脚を捏《こね》るので、このサービスを〈捏脚〉といい、まこと〈無限快悦的滋味〉なのだそうだが、ほんとだろうと思う。

ついでにこの按摩が効果アリとしている病気・病状をあげておくと——関節炎、神経衰弱、失眠、微弱心臓病、頭痛。

その他肥満などにもいいというが、べつに効かなくったって、気持よければそれで充分。

空軍

さて最後の空軍は、陸軍が作戦中のベッドに、命令があればすぐに道具箱をかかえてとんでくる。いわゆるマニキュア（ペディキュア）師だが、この道ひと筋に数十年のいいトシをしたおっさんで、技術はまさに名人芸。大小のハサミやヤスリのいっぱいにつまった道具箱をかたわらに、専用のライトで手元を照らしながらの仕事ぶりは、熟練した時計修理職人を思わせる。

まず両足の爪・あま皮からはじめ、足の裏のタコやウオノメまできれいに始末してしまうので、この空軍の仕事を〈修脚甲〉または〈批脚〉という。脚だけでなく手もリクエスト次第で、この方は〈修手〉という。ペディキュアもマニキュアも、仕上げが見事なだけではない。それをされている最中、ひとに爪を切られるということが、かくまで快楽であったかと思い知らされてしまうところがなにより「体験」なのである。

ごたぶんにもれずこの上海式も後継者難とみえて、陸海空軍ともとんだ老兵ばかり。このぶんでは遠からずまたひとつ、古きよき中国の伝統の灯が消えてゆくことになりそうだから、試してみるなら今のうちだろう。

蛇足ながら上海式浴室、看板に〈謝絶女賓〉と断り書きがあって、お気の毒ながら女のひとはダメ。つまりオトコによるオトコのための「オトコの園」ということになるが、そういう場所にありがちの特殊な空気はないみたいで、これはひと安心というべきなのか。

＊九龍尖沙咀・寶勒巷（Prat Ave.）にある〈上海温泉浴室〉の場合，費用はコースで5～60元ぐらい。ほかに陸・海・空にチップをはずむ必要がある。

4 酒店

A 香港酒店列伝

戦前、まだ中国人が自由に本土と植民地のあいだを往来できた時代には、香港の宿泊施設の種類はおおむねふたつしかなかった。日本にホテルと旅館があるように、

(1) 西洋式ホテル

(2) いわゆる「支那人宿」

があって、(1)は外国人の経営でもっぱら外国人旅行者が使い、(2)は中国人の経営でおもに「国内旅行」の中国人が泊った。それが戦後、本土との交通が途絶したあとは(2)の商売がたちゆかなくなって、さまざまに姿を変えた。その結果、「隣接業種」との相互浸透が起こり、そこからどうもわけのわからない混乱した状態がはじまった。

とにかく「やどや」の種類がいろいろあって、またそれぞれにちょっとずつ

特色がないことはないのだが、こういう看板がでていたらこういうスタイルの施設、と簡単に定義できないところもあるから困るのだ。

「やどや」とおぼしき看板をざっとならべると、このくらいある。*

(a) 酒店〈ちゃう・てぃむ〉

(b) 賓館（迎賓館）〈ぱん・くぅん〉

(c) 招待所〈ちう・とい・そー〉

ゲストハウス／招待所(旅行者用)　尖沙咀の彌敦道に面した一大雑居ビルのなかにある。エレベーターは全入居者共用。階をまちがえると，よそのゲストハウス，または会社，または工房，または個人住宅などにまぎれこんでしまう。

* これ以外に〈旅館〉〈飯店〉などもごく少数ある。

(d)　公寓〈くん・いー〉
(e)　純粋租房〈そん・そい・つぉう・ふぉん〉
(f)　別墅〈ぴっ・そい〉

氏素性がいちばんたしかなのは(a)で、これはまえにあげた(1)の西洋式ホテルの直系。(b)も身元はしっかりしているが、(c)から先はなんらかのかたちで(2)の「支那人宿」の流れをくむ香港人用の施設と考えていい。

またこのふたつの系統を性格と機能の面から区別して、前者を純然たる「宿泊施設」、後者を「あえて宿泊をさまたげない施設」と呼ぶこともできる。この二分法は日本でも（いやどこでも）成立するから、ああアレかと早のみこみされるおそれがあるけれども、香港の場合はそこにやむをえない事情がある。

これはまたしても香港の特殊性、つまり狭いというところからくるのだが、そもそも香港には日帰りで行ってこられないところなどどこにもないのだ。にもかかわらず香港人用に「やどや」があるとすれば、それは「宿泊をさまたげない施設」としてしかありえない。それをいちがいにへんな目で見るのは偏見で、いかがわしいのもあれば、そうでないのも（論理的には）ありうる。

ホテルの種類

(a)　酒店（ちゃう・てぃむ）Hotel.

いわゆる国際式ホテルで、香港島の中環《セントラル》と銅鑼灣《コーズウエイベイ》、九龍の尖沙咀《ちむさちゆい》に集中している。ぜんぶで四十いくつあり、客室数*はごく小さなところで五十くらい、大

＊ 500室以上あるホテルは，香港島に6つ——怡東(Excelsior)，富麗華 (Furama-Inter-Continental)，希爾頓 (Hilton)，利苑 (Lee-Garden)，文華 (Mandarin)，華都 (Plaza)。九龍に6つ——暇日 (Holiday-Inn)，香港 (Hong Kong)，凱悦 (Hayatt Regency)，美麗華 (Miramar)，喜來登 (Sheraton)，新世界 (New World)。

きなところでは千室を越える。形式はホテルの大小にかかわらず、いわゆるアメリカンスタイルで、この点は日本と同様。ヨーロッパ式の、古くてこじんまりとした家庭的なホテルはない。酒店と名がついているところは、だいたい近代的で豪華でそして高く、たとえ小さくてもやっぱり高い。

星の数による格づけシステムはないが、客ダネからランクをつけると、いちおうこういうことになるかもしれない。

〈別格〉　原則としていっさい団体観光客はとらないホテル。*

〈高級〉　団体観光客をとることがあっても、日本人の団体はまにあってます、というホテル。

〈中級〉　団体観光客中心で、それも日本人ばかりというホテル。**

〈下級〉　客室数、設備とも貧弱で、団体客の契約をとれないホテル。

もっともただ日本人が少なければいいというものではない。日本人が寄りつかない地味なホテル***というのもあるから、ようするに西洋人の客が多いかどうかがキメ手になる。しかし実際は、きょうびそんな悠長なことをいっていられるホテルはない。

白い客でも黒い客でも、羽ぶりのいいのがいい客なのだ。

(b)　賓館〈ぱん・くぅん〉Guest House.

女青迎賓館（ＹＷＣＡ九龍）、聖匠賓館などほとんど数えるほどしか例がないので、この看板を目にすることはまずないだろう。ＹＭＣＡやＹＷＣＡ****など、社会団体が経営するホステルにはこの名がついていることがある。ホテルのリ

* 文華 (Mandarin) と半島 (Peninsula)。

** 日本語が通じ，日本人のスタッフがいて，日本料理のレストランがある。

*** 中国へ里帰りする東南アジアの華人の団体などがよく使う。

**** ＹＭＣＡは九龍に２か所，ＹＷＣＡは香港と九龍に２か所ずつある。１泊30元ぐらいから。いわゆるユースホステルは，香港にはない。

猫酒店

ニッポン人・アニマル観光客はわんさと団体で香港にやってくるようになったが、まだ本物のイヌやネコの団体はどこからもこない。

だから香港にあるイヌ・ネコホテルは、ツーリスト（?）用ではなく地元のイヌ・ネコ用。おもに西洋人居住者などが、夏のバカンスやクリスマス休暇のとき、ペットをあずけてゆく。

よく知られているのは香港馬會（ロイヤル・ホンコン・ジョッキークラブ）や「動物愛護協会」*などのよつあし関連団体で、それぞれイヌ・ネコ用の一時預かり施設をもっている。それ以外では、最近、新界の西貢《さいくん》にネコ専用のデラックスホテルがオープンした。その名も、「性格的猫郷村《カントリー》倶樂部《クラブ》」という。

客室数は十室で、すべて〈雙貓房〉、つまりダブル（キャット）ルーム。客室はそれぞれ三つのスペースにわかれている。トイレとベッド、それに六フィート平方の〈自由活動的空間〉がついて、ルームチャージは食費とも一匹一泊八元と安い！ そのうえ食事がいい。お客のリクエストでいくつかのコースから自由に選べるのがこの猫ホテルの売りものになっているのだ。

うさぎの肉が好きなネコには〈兎肉餐〉、さかなの方が口にあうというネコには〈魚肉餐〉というぐあい。なにしろ西洋人の飼いネコはさかなを食べる習慣がないし、一方中国人の考えでは、日本と同様ネコはさかなが大好物。そこで国際都市香港ならではの、キメのこまかいメニューとなった次第。

* 香港皇家防止虐畜會—— Royal Sosiety for the Prevention of Cruelty to Animals (R.S.P.C.A.)。会員5千人のうち3分の1はヨーロッパ人。

ストと料金を見てたまげた若い旅行者がまずここへどっと押し寄せるので、いつも混んでいる。シーズン中のとびこみはまず無理。

(c) 招待所〈ちう・とい・そー〉

これにはふたつのタイプがある。

〈タイプ1〉Guest House. 旅行者用の最下等ホテル。いわばホテルのアウトカーストというべき存在で、いくらなんでも酒店を名のるのはおこがましいというとき、この看板をだす。九龍の尖沙咀、彌敦道にほとんどかたまっている。* 形態としては酒店のように独立した建物と玄関をもたず、雑居ビルの階上にある。穴ぐらの突きあたりのようなところから汚い共用エレベーターに乗って、五階か六階までガタコトと昇ってゆくのだが、夜などはうす気味悪い。同じビルにいくつも招待所が入居していて、こんぐらがる。

客スジからいえば、いわゆる「ヒッピー・ホテル」風でYMCAよりはるかに汚いにもかかわらず、料金は高いのが問題。このタイプでは、××House または×× Guest House と英語に重点をおいた看板がでている。

〈タイプ2〉 こちらは純然たる香港人用。看板も漢字だけで、しばしば貧相なネオンサインがついている。みるからにいかがわしくて、またじっさいにいかがわしい。立地としては、ごちゃごちゃとした歓楽街の二階か三階、あるいは大通りを一本裏へ入った通りの角などにもよく看板があるが、この手の商売が一階で営業しているということは絶対にない。かならず、通りから暗い階段を登ってゆく。

* 重慶招待所 (Chung King House) が，知名度と格式（?）で，他をよせつけない。

部屋数は小さいところなら五つ六つ、大きくても十五を越えることはめったにない。ひと部屋の広さは四畳半から六畳ていどで、上等なところにはバス・トイレがついている。通りに面した窓は、たいてい内側から紙かペンキで目かくしをしてあるのがいっぱん的。

でてきたおやじに「今晩泊まれますか？」*と（英語はまず通じないが）たずねると、たいていの場合はけげんな顔をされるだろう。あやしまれて、すぐには鉄格子のゲートを開けてもらえないかもしれない。もし、そこに立っているのが若い女だったりしたら、おやじは完全にきもをつぶして、こりゃてっきりなにかの陰謀にちがいないと、用心棒を呼びに走りかねないのだ。

原理的には、ここに泊って泊れないことはないと思う。しかし、こちらが男のひとり客でなにもいわなければ、テキは慣れた手つきでダイヤルを回しはじめ、呼出音が鳴っているあいだにこっちを向いて事務的にたずねるだろう。

若いコがいいの？——。

さもなければ、おやじがポンと手を打つと麻雀の音がやんで、不機嫌な顔をした女のひとが二、三人、となりから顔見せにでてくる。サテどうしよう。

はたして、こういういいかげんな筆談が通じるかどうか。

「御好意感謝生憎当方一人寝希望又今度相談」

(d) 公寓〈くん・いー〉

〈公〉はパブリック、〈寓〉はロッジとかレジデンスの意味だから、すこし古めかしい日本語に訳すとしたら「御下宿」というところだろうか。**営業の内容

* 部屋はアルカ？——は「有冇房〈やう・もう・ふぉん〉？」という。

** 本家の中国ではこういう意味はなくて，大きな屋敷をさすらしい。「マンション」も英語では大邸宅のことだ。

はむしろ木賃宿にちかく、かつての「支那人宿」のもっとも濃い血すじをひいている。招待所がどちらかといえば歓楽街とその周辺に多いのに対して、こちらは立地をほとんど選ばない。

しかしこれも看板がただちになかみと一致しない場合が少なくない。(c)であげたようなケースにぶつかることも考えられるし、周辺の酒吧《バー》や舞廳《ダンスホール》の女のひとがお客を連れこむ「指定旅館」として、繁盛していることもある。だが、そうでない公寓もたくさんあって、そういうオーソドックスなところはがいして

純日本調別墅　「壁画」に注目。富士山に桜に鳥居に大仏——障子まで入っているのは泣かせる。

みすぼらしく、貧寒としたたたずまいをしている。

部屋数と規模は(c)と大同小異。細長い大きな一室をいくつかの小部屋に間仕切りしてそれぞれにドアをつけただけ、というたよりないものもある。その場合間仕切りと天井のあいだには空間があるので、ベッドにあがって背のびをすればとなりがまるみえになるが、* 夏場は風通しがいいという利点はあるだろう。

いっぱんに部屋の面積は狭くきゅうくつで、床はコンクリートかタイル。鉄製のベッドをひとつ置いたら、あとはなにほどのスペースも残らないという、まさに寝るだけの部屋がめずらしくない。天井に古い扇風機が回っていたら、デラックスなところにあたったと思うべきだ。もしも貧乏旅行術に熟達していて神経の図太いひとなら、この公寓にころがりこむのが香港の高い宿泊費を切りつめる最上の手かもしれない。**

(e) 純粋租房〈そん・そい・つぉう・ふぉん〉

Rooms Purely for Rent——と苦しい英訳をした看板もある。〈租房〉は「貸し部屋」。それをまったく純粋の、まじりっ気なしの、ほんとうの貸し部屋です、と強調しているところがかえってあやしいが、この〈純粋〉はまず額面どおりに受けとっていい。日本と同じシステム、同じムードのラブホテルで、時間貸しが基本。もっとも「純粋」でないただの租房があるのかというと、これはない。

(f) 別墅（ぴっ・そい）

日本式に書けば「別荘」、看板がちがうだけで、システムもムードもおおむ

* これは中国伝統の間仕切り法で，べつだんひどい部屋だということにはならない。日本の旅館も襖1枚，ランマからとなりの部屋がのぞける。

** 1泊20元くらいから。

ね(e)と同じ。ただこちらの方が、よりラブホテル的で高級感がある。街なかにもあるが、最近は郊外にも進出しはじめていて、こちらは駐車場を備えたモーテル方式の新顔。したがって別墅というと、このモーテルのことをさすようになりつつある。

　日本のラブホテルのようなもの、というより、まったくそのものズバリの日本式。けばけばしい装飾から「円形電動ベッド」*「なんとか風呂」まで、あますところなく日本の進んだアイデアと技術がとり入れられ、空間のすみずみに日本のこころと美意識がたおやかに息づいている。

　こういう、香港にはめずらしい「健全な市民の憩いの場」なら、いざというときのやどには安心して使えると思う。いざというときというのは、シーズンにホテルの予約なしで到着したはいいが、どこもいっぱい。空港のホテルリザベーションカウンターでキャンセル待ち数時間のあげく、ベンチで夜明かし、などという場合である。

　旅行者向けのホテルリストには載っていないが、モーテル街は空港からタクシーで五分のところにある。とびこみで泊れる確率はすこぶる高いし、カップルならYMCAなみの料金で、少なくとも風呂つきの洒落た（！）部屋に泊れるわけだ。**

「九龍塘　『別墅』街！」

　とでも書いて運転手に渡すと、ゲラゲラ笑いながら連れてってくれるにちがいない。

* 〈電動圓床〉というらしい。

** 泊りはふつう0時からで，100元くらい。
それ以前は3時間で50元くらい。

大邸宅とモーテル

界限街の北側にある九龍塘《がうろんとん》は、街路樹のある広い通りにそって大邸宅がゆったりとならぶ、南北一キロちょっと、東西五百メートルの小さな別天地。東京でいえばさしずめ田園調布。金持ちと外国人の静かな聖域だった。

　ここに数年前から場ちがいなモーテルのネオンがまたたきはじめたのだから、ご時勢とはいえこれは大事件。それもひとつやふたつではなく、すでに十数軒。なかでも、金巴倫道《カンバーランド・ロード》（六軒）と施他佛道《スタッフォード・ロード》（四軒）のふたつはなぜか集中的に侵略を受けている。これ以外に窩打老道《ウオータルー・ロード》や森麻實道《サマセット・ロード》にも数軒ずつできたから、いまや「田園調布」は夜ごとネオンちかちか。これまで、特権的な環境を治外法権的に独占してきた金持階級は、当然おもしろくない。

　そこで英字紙などにしきりに投書して、住宅地でのモーテル営業を禁止すべきだとか、九龍塘で営業許可がおりるのなら、上亜厘畢道《アッパーアルバート・ロード》*でもおりるのか？　などといきまいている。しかしこれもゴマメの歯ぎしり。

　なにしろ、買いとった西洋館をそのまま営業用に改装したモーテルもあって、玄関につづく広い前庭が駐車場。まさに大邸宅にクルマを乗りつける気分だから、平均的香港庶民のささやかなウサ晴らしでもある。

　結局誰が悪いのかといえば、大邸宅を手ばなす住人が悪い。売り手がいなければモーテルの進出もない道理で、ようするに昨今は植民地上層階級——九龍塘族もオチ目だということ。

＊ 香港島の植物園の下の通り。総督官邸がある。

B　半島酒店故事／Peninsula Hotel Story

ペニンシュラホテル（半島酒店）は、九龍半島の突端、尖沙咀にある。この古めかしい白亜のホテルは、第二次大戦前まで、東南アジアやインドや中東*にたくさんの兄弟をもっていた。香港から南へとび石づたいにたどれば、

E&O　（ペナン）
マジェスティック　（クアラルンプール）
ラッフルズ　（シンガポール）
ストランド　（ラングーン）

などがそうだ。これら兄弟たち、由緒ある植民地ホテルの一群は、戦後、独立したそれぞれの国へもらわれてゆき、古風な階段の手すりに失われたイギリス植民地主義の栄光をしのばせながら、第二の人生を歩きはじめた。

その昔、昼下りの植民地ホテルのロビーからは、レースのドレスを着たヨーロッパの女たちのさんざめきが聞こえ、バーのとまり木では麻の背広の貿易商と英軍の将校がスコッチで乾杯した。

「大英帝国のために！」

いまはセピア色の記念写真のなかにだけある、植民地ホテルの古きよき時代。**ロビーの天井では大きな黒い羽根のファンが、けだるく回っていた。

エアコンにとってかわられた今日、天井にファンこそ回っていないが、ペニ

* たとえばボンベイの〈タジマハール〉，カイロの〈シェファーズ〉。

** ペニンシュラの所有者 Hong Kong & Shanghai Hotels Ltd. は，かつて上海にパレス・ホテル，アスター・ホテルを持っていたが，むろんいまは香港だけ。系列に香港酒店 (Hong Kong Hotel)，帝后酒店 (Empress Hotel)，淺水灣酒店 (Repuls Bay Hotel) がある。

ンシュラはそっくりあの頃のまま。兄弟たちのように戸籍が変わることもなく、世界の植民地ホテルのおそらく最後の現役として、中国の一角にただひとつ生き残っている。――荘重なアナクロニズムの記念碑。ユニオンジャックと植民地旗がひるがえる、コの字型のビクトリア調の建築は、昔とおなじ偉容をたたえてきょうも香港島に正面を向けて建つ。

顧客たち

客室数は、本館と通りをへだてた裏の新館をあわせても四百室足らずと、少ない。規模からいえば近代的大ホテルが林立する香港ではベストテンにも入らないが、問題は規模や設備ではない。格式、なのだ。

顧客リストには、プリンセス・マーガレットなどイギリス王室一族をはじめ、各国元首級がずらり。キナ臭いところでは、リチャード・ニクソンとかイスラエルのダヤンあたりも名をつらねる。もう少し気のきいた人種としては、

〈作家〉アーサー・ミラー／テネシー・ウイリアムス

〈映画人〉オットー・プレミンジャー／故チャーリー・チャップリン／故クラーク・ゲイブル／ウイリアム・ホールデン／マーロン・ブランド／ダニー・ケイ／スティーブ・マックィーン／ピーター・オトゥール／シドニー・ポワチエ／エリザベス・テイラー／シャリー・マックレーン＊

〈エンタテイナー〉ヘンリー・マンシーニ／フランク・シナトラ／アンディー・ウィリアムス／ジョニー・マチス／バーブラ・ストライサンド

＊ 常連のひとり。以前，新館の超豪華レストラン「マルコ・ポーロ」（すでに廃止）でチャイニーズディナーをしたとき，ジャンクをかたどった銀製の高価な箸置きを“万引”しようとした。見かねた支配人が耳元でささやいた。「あの，箸置きの分をお勘定におつけしてようございますね？」「まあ，アタシが盗ったっていうの？」 怒ったマックレーンは，バッグの中身をぶちまけた。そして，むろん箸置きはでてきた。彼女のエヘヘ，でこの件はチョン。

梳利士巴利道 (Salisbury Rd.) から見た正面　8階建てのこのホテルが，戦前は九龍でいちばん背の高い建物だった。完成以来3回改装されたが，外観はおおむねもとのまま。

などの名が、たちどころにあがる。いずれもペニンシュラを常宿にしているかまたは指定してくるゲストで、一流を自他ともに許すひと、ないしは一流でありたいと念願する人物は、香港に寄る前にここを予約しておかねばならない。

身の上話Ｉ・舞踏会

ペニンシュラは一九七八年にその五十周年を祝った。開業は一九二八年だから、各地の兄弟たちのなかではいちばん若い世代に属する。その分だけ奇跡的に生きながらえることができたとはいえ、植民地ホテルとしては生まれてくるのがいささか遅すぎた。ほんとうの古き良き植民地を、ペニンシュラは知らない。その五十年が、中国現代史の激動の五十年でもあったという不運を、このホテルは背負っているのだ。

誕生の時から、大英帝国と植民地香港の栄光にはすでに影がさしはじめていた。最初のつまずきは一九二五年の香港ゼネストである。同じ年の上海五・三〇事件*を引き金に燃えあがったこの大反英闘争**は、その後一年半にわたって植民地を吹き荒れ、おかげで開業予定は大はばな遅れをこうむることになった。つづく二七年には、中国状勢の急を聞いてイギリスが派遣した軍隊が大挙香港に上陸。開業直前のホテルは、優雅な客室にむくつけき兵隊たちを最初の客として迎えなければならなかった。

こうしてペニンシュラは、ようやく翌二八年の十二月十一日、盛大にオープン。「ゴッド・セイブ・ザ・クイーン」が流れ、祝賀記念に集まった三千人は

* 日本資本の紡績工場のストライキ弾圧に抗議してデモをした労働者・学生に，租界のイギリス官憲が発砲，死者十数名をだした事件。

** 1922年の海員スト以来くすぶっていた反英感情が5.30事件で再燃，中国人労働者は香港から本土へ引きあげて植民地をマヒさせた。〈港省大罷業〉。

その夜を徹して踊った。この日からペニンシュラは、香港植民地社会の新しい社交の中心となり、ここで催される大舞踏会は植民地の年中行事となった。

　けれども、植民地社会がダンスを楽しむことができたのは、それからわずか十年余りにすぎない。北から始まった日本の中国侵略は次第に植民地の背後をおびやかし、三八年にはたった百三十キロ北の廣州が日本軍の手に陥ちた。そして、香港は一九四一年十二月八日の日曜日を迎えることになる。

身の上話II・日の丸

　この日のビクトリア港上空は、真珠湾と同じようによく晴れていた。侵攻は電光石火だった。ペニンシュラのボーイたちは、翼に日の丸をつけた戦闘機が香港島を背景に低空で乱舞するのを正面のバルコニーから見た。同時になだれをうって深圳河を越えた日本軍は、難攻不落といわれた新界の防衛ラインを一撃で突破、数日後には尖沙咀に達した。*イギリスは日本軍を甘く見すぎていた。

　新界を撤退、九龍も放棄して香港島にたてこもったイギリス軍がついに白旗をかかげたのは、クリスマスの日の午後。**夕刻、ヤング総督とマルトビー将軍はランチで九龍に向い、ペニンシュラに陣取る酒井中将と会見する。降服を受諾した屈辱の部屋は、336号室だった。

　植民地のイギリス人たちは香港島赤柱《スタンレー》の収容所に囚われの身となり、主人を失ったペニンシュラは「東亜ホテル」と名をかえた。ロビーから英語の談笑は消えて、かわりに日本語と日本軍将校の長靴の音が、高い天井にひびくように

* 日本軍はビクトリア港を鯉魚門，北角などの三手から渡って香港島に夜間の敵前上陸。
** この日を〈暗黒的聖誕〉という。

なった。こうしてペニンシュラの「戦前」は、あの華かだったオープンからわずか十三年で幕を閉じる。

三年半後の八月、日の丸がはためいていた正面のポールにふたたびユニオンジャックがあがった。翌年の末には営業を再開して、ホテルは「戦後」の時代に入る。けれども、植民地香港の「戦後」は、平和と安定へ向うどころか、出発の直後からもうひとつの悪夢に悩まされねばならなかったのだ。本土を席捲する毛沢東の軍隊は、もう植民地の背後まで迫っていた。

てんぷら　翌年の２月に東京から着任した新「総督」磯谷廉介中将は，司令部のおかれていたペニンシュラで記者会見。「いまや香港は疑いもなく日本に帰属するが，東亜の新秩序にかんがみ，中国人およびその他の第三国人にも配慮が払われるであろう――」と演説した。着任とともに司令部は中環の香港上海銀行に移転，ペニンシュラ改め「東亜」は，日本人の手で４月から営業を再開した。洒落たスナックバーは閉鎖され，かわりにてんぷら屋が店開きした。

身の上話Ⅲ・「慕情」

四九年一月、人民解放軍は北平（北京）に入城。つづいて四月に南京、五月に上海が陥ちた。いまや香港は、とくにヨーロッパ人にとっては最後の避難場所となった。しかし人民中国の大海に浮かぶ一枚の木の葉のようなこの植民地が、明日どうなるかは誰にもわからなかった。香港は冷戦の時代に入り、植民地社会とペニンシュラは、映画「慕情」が描く五〇年代に入る。

そしてこの時代ほど、遅れてきた植民地ホテル、ペニンシュラがせいいっぱ

現在のロビー　客は50年代と変わった。ショッピングのあとにひと休みする中国人の金持ちマダム連，若いビジネスマン，香港映画のスター，そしてアメリカ人の観光客。コーヒー1人前（ポット）6.5 元。これは香港でいちばん高い。

い輝いたときはなかったのだ。ロビーは、失意と追憶とその日暮しに日を送る異邦人たちと、斜陽の植民地社会が交差するドラマの舞台となった。

当時のロビーの様子を、映画「一攫千金を夢見る男」*の作者は、原作の小説のなかで長々と、そして生き生きとこう描いている。

「――ペニンシュラのロビーは巨大で、太い大理石の柱の列が新古典様式《ネオクラシック》の高い天井をささえてならんでいる。ロビーの奥の方にそってレセプションのカウンターがあり、タイ航空やキャセイパシフィック航空のオフィス、そして電報局がある。** ロビーの片方の端はバーになっているが、*** 時間を気にしないペニンシュラの客たちが、バーからロビーのもうひとつの端にかけてあるテーブル席で一杯やる方を好むようになって以来、そこはほとんどいつも閑散としている。

たくさんのテーブルがあり、そして白い上衣をつけた大勢のウェイターたちがはべっている。用事のないとき、ウェイターたちはまるで魔法のように鉢植えのヤシのあいだに消え失せていた。ペニンシュラのロビーは忙しい場所だが、しかしペースはゆったりとしていて、頭上の扇風機の遠いうなりのなかで、はなし声はほとんど気にならないくらいだった。

この大きな空間にはぴったりとその まんなかに境界があり、目には見えないがそれはあたかも鉄の板のような確かさでそこにあった。この垣根は習慣と便宜が作りだしたものだが、誰ひとりペニンシュラのロビー族でそれを侵そうと考えるものはない。境界は入口のドアからはじまってまっすぐにレセプション

* E.ドミトリク監督。C.ゲイブル，S.ヘイワード主演。フォックス '55年 製作（日本公開も同年)。香港を舞台にした「中共脱出」もの。

, * ともに現在は廃止。

のカウンターまで走り、広いテーブル席の全体をふたつに分けている。

ロビーの右側はほとんどいつでも純然たる英国人《ブリティシュ》用で、そして午前中は、公衆の前でスモークド・サーモンを食べ「チャイナ・メール」*紙を読む方が、自分の部屋でそうするのより好きだというような二、三の変り者を例外とすれば、ほとんどひと気がなかった。正午あたりからひきつづいて一日じゅう、空間はゆっくりと生気を帯びてゆき、古顔のどっかり根をおろした中国屋《チャイナ・ハンド》たちが、たぶんアジアの白人たちに残されたけちな商売の取引きのために、ひとと会う。あるいは彼らは、ただ静かに家庭についておしゃべりする。

彼らの婦人連もまた、よくここへ出入りする。おそいランチの時刻やティータイムは彼女たちがもっとも目につく時間で、青ざめたピンクの花のように座って、四つか五つ群をかたちづくっている。彼女たちはけっして男どもに加わることはなく、また日が暮れてから見かけることもまれだった。こちらのサイドにいるウェイターたちは、年齢にかかわらずすべて『ボーイ』**と呼ばれ、そして暗黙の了解により、ペニンシュラによく来る中国人の客は、男も女もそこからまったく遠ざかっている。

テーブル席は垣根の向う側も同じで、またウェイターも同じだが、しかし客はほかの惑星の住人である。その一部は朝の十時からお気に入りのテーブルについていて、そこでその日一日と夜の大部分をねばりつづける。彼らは常連で、そしてどこに住んでいようともペニンシュラが本当の家であり、オフィスであり、クラブであり、また通り過ぎてゆく世界への窓だった。中国人たちは垣根

* この歴史的な英字紙も，数年前に廃刊。

** いまは誰でもていねいに「イクスキューズ・ミー！」と声をかける。

のこの側に座っている。オーストラリア人とインド人、タイ人、フランス人と欧亜混血《ユーラシアン》たちもみんなここに拠点をもっていて、偏見も憎悪もなしにいりまじっている——」(Eernest K. Gann, *Soldger of Fortune*)

ロビーの造作はいまもほとんど変ってないが、もう「見えない壁」はなくなったし、「慕情」のヒロインのような美しい欧亜混血《ユーラシアン》の姿も見えない。中国も変り、香港とペニンシュラのあの時代は、すでに遠い昔のことになってしまった。

ロビー

〈名物男〉

ロビーの年代記に残る最大の名物男は、ジョック・イングリスである。最初に香港へやってきたのは戦前の一九三五年。戦争中の一時期オーストラリアにいたほかは、戦後の四六年から六九年に死ぬまでの二十三年間、ずっとペニンシュラをねじろにして社交とビジネスにいれあげたロビーの最長距離ランナーだった。

株をやり、そのうえ自分でも三頭ばかり馬をもつほどの競馬狂。物腰はやわらかく、そのユーモアはあくまでドライ。誰からもたよりにされ、植民地社会での顔の広さは無類だった。ロビーの右側、とっつきのテーブルがジョックの指定席と決まっていて、これは長いあいだ変らなかった。

ペニンシュラを香港での常宿と決めている外国人は、有名人もそうでないひとも、チェックインするまえにまずこのジョックのテーブルにチェックインするならわしになっていた。ロビー人生のハイライトだった五〇年代には、クラーク・ゲイブル、ウイリアム・ホールデン、シャリー・マックレーンなど、はなやかなゲストがつぎつぎとジョックのテーブルにやってきた。

そのうちこの名物男はついに特製のテーブルとイスをロビーで手に入れるまでになる。友人たちが誕生日にプレゼントした特注品で、外見はロビーのほかのテーブルと変らないが、すみっこに小さなプレートが取りつけてあり、

〈Presented to J.P. "Jock" Inglis by many friends——10th November 1958〉

と、由来がしるされていた。*

ロビーにジョックの姿が見えないときでも、テーブルのまんなかに飲みかけのグラスが置いてあればそれはウェイターへのサイン。ちょっと出てくるが戻るまで誰も席につけないようにという意味で、この不文律はいちども破られたことがなかったという。

〈エムプレス〉

ジョックと同じ頃、五〇年代のロビーにひとりの伝説的な中国人レディーの姿があった。黒髪にかちっとパーマネントをかけ、当時最新流行の肩のいかったワンピースにかかとの太いパンプス。からだつきはほっそりとして色白の肌。白い歯を見せて艶然と笑った、古い写真が残っている。ルネ・リン、ひと呼んで「ロビーの公式ならざる皇后《アンオフィシアル・エムプレス》」。

経歴はさだかでないが、カリフォルニアで教育を受け、生粋のアメリカ英語をはなし、ひとの名前やこまごまとしたことに抜群の記憶力をもっていた。一年前に会っただけのひとにちゃんとあいさつができたともいうから、生来の社交家タ

* このテーブルは，彼の死後遺族に引きとられて，いまはない。

René Lim—the "unofficial empress" of the 50's.

イプ。およそペニンシュラの常連にかかわることなら、その家柄、健康状態、結婚、恋愛から財産にいたるまで知らないことはないという、「歩く消息欄《フーズ・フー》」のような存在だった。ロビーは毎日ルネ・リンの出現をこころ待ちにした。

　ときは冷戦時代のさなか、ティータイムの優雅なおしゃべりの花咲くロビーからわずか三十キロ北には、「愚かで狂暴な中国人」、コミュニストの軍隊がせまっていた。かつて中国を愛しそして裏切られて香港へ落ちのびた西洋人たちにとって、美しく上品で洗練された、ありうべきチャイニーズ・レディーと（英語で！）語ることは、大きななぐさめだったにちがいない。

　落日の植民地とその社交界が彼女を「ロビーの皇后」にした。あれから二十年。ルネ・リンは、退職した西洋人の夫と新界で静かに暮しているという。

〈ページボーイ〉

　正面入口にふたつある大きな観音開きのガラスのドアには、名物のページボーイがふたりずつ計四人、いつもとってに手をかけて待っている。年齢は十三、四歳。この中国人の「少年《ボーイ》」たちの役目は、客がきたらよいしょと重いドアを引っぱって開けること、つまり「人力自動ドア」の動力源なのだ。からだが小さいので、ドアを開けるというよりは、両手でとってにぶらさがって体重で引っぱる。その姿がちょっとかわいいといえばかわいいのだが、植民地的だといえばまったく植民地的風景。

香港のほかのホテルで子供にドアを開けさせているところはないから、これも植民地ホテルとしてのしきたりをかたくなに守るペニンシュラならではの習慣。〈The Peninsula〉と縫いとりのある白いキャップをあたまにのせ、金ボタンのついた短い白のジャケットとズボン、それに白い手袋をしている。靴だけはどういうわけか、中国式の黒い布でできた底のやわらかいスリッポン。

戦前は金ボタンが二列についた黒のジャケットに黒のズボンで、文字通りの「お小姓《ページ》」ルックだったが、現在はシンプルになって一年じゅう白いユニフォームをつける。白の方が、少年のまぶしい笑顔によくマッチするからだという。ひとりで投宿している人品いやしからぬ初老のイギリス男などが、このしつけのいい中国人少年にわざとらしく微笑みかけていることがある。少年は、東洋風にはにかんで視線をそらす。なにやら『ベニスに死す』のような妖しい気分で、あっ、このイギリス人、なんというケダモノだろう、と邪推したくなる。

ペニンシュラが少年を使っているのはここだけだが、ページボーイの寿命は短い。ひげでも生えてきたらラインナップからはずされ、たいていの場合ロビーのウェイターか、オフィスボーイに回される。またそれは「昇格」と考えられていて、じじつ戦前にページボーイとしてやとわれた少年が、四十年後のいまはベランダ・レストランのキャプテンに出世している。

なにごとも順序としきたりがはばをきかせるペニンシュラでは、ページボーイからの生えぬきは一種の名誉であって、親子二代、三代にわたってうけつがれることもあるという。

〈電話〉

ロビーの客に電話がかかってくる。天井のスピーカーで「お客さまにィお呼び出し申しィあげます」――とやればいちばん簡単なのだが、そういう騒々しいことをしないのがペニンシュラの流儀。取りつぎはすべて無言のパントマイムで、悠長なことこのうえない。

電話を受けたレセプショニストは、まずボーイがひかえているコーナーに合図を送ってボーイをひとり呼びつける。それから小型の黒板に柄のついたプラカードにチョークで、たとえば〈MR. BROWN〉と書きつけてボーイにもたせるのだが、かけたひとはここまででもう一分以上待たされている。

プラカードは四十センチに三十センチぐらい。白い柄は七、八十センチあって、ロビーの柱と同じ様式の凝った装飾がほどこしてある。これをかついでテーブルのあいだを回るのはページボーイの少年の役と決まっていて、まず右側の一画をひとめぐりしてから、つづいて左側の一画へチョコチョコと進む。新聞を読んでいたりおしゃべりに夢中で気がつかないテーブルがあると、そばまできてプラカードの柄にしかけてあるチャイムをピンポーンと小さく鳴らして注意をうながす。で、結局めざす人物がいないとわかると、いちばん端からロビーの中央までこんどはまっすぐに戻ってきてプラカードをおろし、首を横に振って合図する。電話がかかってからすでに三、四分はたっているだろう。

そこでレセプショニストはゆっくりとうなずいて受話器をとりあげ、いんぎんな英語でいう。
「あいにくでございますが、ブラウン様はただいまロビーにおみえにならないようでございます。いかがいたしましょうか？　ハイ」
さいわい香港には市外通話というものがないし、三分で電話が切れたりもしないからいいようなものだが——。

〈ロールスロイス〉

いまでは香港でロールスロイスを所有するホテルはほかにもあるが、玄関先に「ロールスロイス艦隊《フリート》」がずらりとならんで絵になるのは、やはりペニンシュラしかない。車体の色はしぶいアストラカン・ブラウン。八台のシルヴァー・シャドウが、空港への送迎のほか希望があれば優雅な観光ドライブにも応じる。むろん制服制帽に身をかためた専属ショーファーの運転。あたりをへいげいしながら、音もなくすべるように「植民地」の雑踏のなかをゆくというところが、オチ目のヨーロッパ国民などにはたまらない。

現在運行中の八台は二代目艦隊で、導入は一九七六年。総額二十五万ポンドの買い物ということで、斜陽の本国でもひとしきり話題になった。初代の艦隊は、一九七〇年に買い入れた八台。* 同じくシルヴァー・シャドウで、色はブリュースター・グリーンだった。このときの同じ色の同じモデルをいちどにまとめて八台という注文は、ロールスロイス社が創立以来受けた単独の商談のなかではもっとも大きなものだったという。世界的な金持ちホテルなのだ。

＊二代目と初代のあいだに，リンカーン・コンチネンタルの時代があった。

5　電影

A　戲院

映画館は、〈街市《マーケット》〉と並んで香港の地域コミュニティーのもっとも基本的な構成要素だ。ひとつの「まち空間」がそこになりたつためには、映画館の存在が、ほとんど不可欠だといっていい。過密のせいで地区と地区との境い目がすこしもはっきりしない香港の通りを歩いているとき、映画館は〈街市〉とともに格好の目印となる。表通りの角に映画館があり、付近のごみごみした裏通りに〈街市〉が見つかれば、そのあたりがひとつの地区の中心なのである。

　住人の一日の行動パターンでいうと、まず朝、飲茶をするために地区の酒樓へ行き、それから仕事にでかける。夕方地区へ戻ってきて街市で買物をし、映画館へ足をはこぶのは夜である。香港はあれほど狭く、またまちが切れ目なくひとつになっているにもかかわらず、住人はだいたい自分の地区のなかで用を足し、生活している。その生活の大きな一部に映画を観にいくということがあり、だから映画館は地区のなかになければならないのだ。

十数年前までは東京にも、都心から離れた国電や私鉄の駅前通りにひとつずつ、木造の小便くさい映画館があって、夕方からゲタばきでぶらりとでかける習慣があった。

その当時はどちらかというと、コレコレの作品を観にいくというよりは、ただなんとなく映画にいってくる、という風にして映画館とつきあっていた。そのやりかたが香港ではまだ完全に生きているのだ。*

映画には〈電影〉の字をあてるが、これは書きことば。ふつうはたんに〈戯へい〉と呼び、映画館は〈戯院　へい・ゆん〉である。したがって「戯《エイガ》を睇《ミ》にいく」場合は、

——どこいくの？

——ウン、睇戯〈たい・へい〉！

と、中国語（広東語）はじつに簡潔でよろしい。

毎天五場

香港中の〈戯院〉はひとつの例外もなく、全席指定の各回入れ替え制で、原則として一本立て興業。これはイギリスと同じ（というより日本をのぞくほとんど全世界の）システムだが、香港の方がさらに進んでいるところが少なくとも二点はある。

* 映画人口は年間７千万人。つまりひとり１年間に約15回観ている。ちなみに中国はケタちがいで，年間200億人。ひとり平均20.5回観ている。中国人は映画が好きなのか？

ひとつは懐中電灯を持って席まで案内してくれる人物（もっともこれがみんなオジサンなのだが）に、チップをやる必要がないこと。そしてもうひとつは、上映中にたばこを吸ってかまわないことで、たばこ喫みにはありがたい。

上映は〈毎天《マイニチ》五場《カイ》〉。それぞれの開始時刻は、

十二點(時)半　二點半　五點半　七點半　九點半

これも全〈戲院〉共通で、ごく少数のところが十五分遅れの、各回四十五分始まり。この五回を〈正場〉といい、正味上映時間は一回一時間四十分足らず。*

これ以外に番外として

〈早場〉(Morning Show)

〈午夜場〉(Night Show)

がある。これは全部の〈戲院〉がやっているわけではないが、〈早場〉は毎日、早い場合朝の九時台から始まる。日替りで旧作やすり切れた外国B級映画を割引料金で観せるのがふつう。たとえば前の晩に、

〈明天《アシタ》早場　九點九**——『伴浴女郎』／日本色情片〉

などという貼り紙をみて、？？？とでかけてみると、これが東映の〝温泉ナントカ芸者〟だったりする。***おもわぬ名作にぶつかることも——。

〈午夜場〉が始まるのは、九點半の〈尾場《ラストショウ》〉が終ったあとの十一點半からで、ふつうは金曜と土曜の二日のみ。

* 長尺の作品でこの時間のわくにおさまらない場合は，作品のほうをばっさりとチョン切ってしまう。

** 〈早場九點九〉という貼り紙があった場合，それは〈九點鐘九個字〉の略で，9時45分から，ということ。9：09ではない。時計の文字板には12個文字があるから，1個は5分。2個字は10分と数える。

*** 専門の「名画座」というカテゴリーのない香港では，この〈早場〉がその機能を果している。

スチール

開始時間の頃になると、〈戯院*〉の前のスチール写真のウインドーは黒山の人だかりになる。しばらく思案したのちに、ウンあっちのコヤのスチールも一応みてからにしようと立ち去るひともあれば、イヤやっぱりこっちの方がおもしろそうだとひきかえしてくるひともある。

そうなるとスチールのでき不できが即、営業に響いてくるから、写真に誇大広告の傾向がでてくる。特に香港製映画の場合は、内容におかまいなくスチールはハダカ一本槍。つられて入ってみるとなんのことはないただのカンフー映画だったりして、拍子ぬけすることがある。これは、そのためにほんの一カットだけ挿入してある入浴シーンなどが、集中的に何枚もスチールになっているので、ついつい善良な市民は全篇ハダカなのかとだまされてしまう。

スチール写真のウインドーは、どこの映画館でもかならず二つ並んでいて、それぞれにこう表示がある。

〈即日〉(TO-DAY)

〈不日〉(COMING)

いうまでもなく〈即日〉が「上映中」で、〈不日〉が「近日上映」だから、そこをよく確かめてからキップを買うようにする。というのも香港では、映画館の前にでている大看板はしばしば「次週上映」で、いま上映中の番組とはひとつずつずれていることがあるからだ。

* 香港島に23館，九龍に39館，新界に15館ほどある。

粤語片・國語片

香港の映画には、日本のような国産と外国製、邦画と洋画という簡単な分け方がうまくあてはまらない。なにしろ「邦画」にあたる中国語映画の身元が、香港製、台湾製、中国製と、三つもあるからだ。香港からみて、台湾と中国は現実的には「外国」だが、台湾映画と中国映画は外国映画のうちに入らない。この三つはひっくるめて〈國片〉と呼ばれる。

これら〈國片〉は、その身元よりもむしろ使用言語によって、大きくふたつのジャンルに分けられる。

粤語片——広東語映画

國語片——北京語映画

現地の使用言語からいえば、香港は広東語で台湾と中国が北京語ということになるが、では広東語の映画は全部香港製かというとそんなことはない。香港製でもたまにはじめから北京語で撮った作品があるし、台湾製でも、香港向けに広東語に吹きかえたものが少なくない*。ただし中国製だけはいつも北京語に決っているので、画面の人物が広東語をしゃべっていたら、すくなくともその映画が中国製でないのはたしかだ。

中国製は簡単に見分けがつくが**、問題は香港製と台湾製の場合で、ある程度の本数を観れば俳優の顔ぶれでだいたい見当がつくことはつく。しかし、香港と台湾の映画界はひじょうに交流がはげしいので、これはかならずしもキメ手にならない。しかし、作品がどこ製であるかは、〈國片〉の場合、さしたる問題ではな

* その場合には「粤語對白」＝広東語版と，看板にうたってあるのがふつう。

** それが近頃はあまりあてにならなくなってきた。登場人物のファッションの「現代化」はめまぐるしく，おさげの少女がパーマネントの娘に，人民服の青年がセーターを着た若者に，徐々にとってかわられようとしている。

い。中国人がいて中国文化のあるところなら、台湾だろうと香港だろうとサンフランシスコだろうと、たぶん中国だろうと、どこでも通用するようにできている。

字幕について

〈國片〉には、香港製、台湾製、中国製を問わず、かならず中国語、つまり漢字の字幕がついている。中国語の映画に中国語の字幕というのはちょっと理屈にあわないような気がするが、そこが中国語の便利なところ(あるいは不便なところ)なのだ。たとえ話しことばはおたがいにチンプンカンプンでも、漢字で書けばたちどころに通じるのが中国語。広東語をしゃべる中国人でも北京語をしゃべる中国人でも、あるいは上海語でも福建語でも、字幕さえあれば同じ映画を観るのになんの不都合もない。日本人でも、漢文の素養がありさえすれば、けっこういける。

たとえば「再見！　我的愛人」という字幕がでたら、広東人は「ちょいきん！　んごーてっおいやん」と読み、北京語をしゃべるひとは「つぁいつぇん！　うぉーだあいれん」と読み、また日本人なら「フタタビマミエン！　ワレテキアイジン」と、それぞれ勝手に読んでしまってかまわない。

この中国語字幕に加えて、香港製のほとんどすべてと台湾製の大部分には、英語の字幕も入っている。* つまり、中国語の字幕がスクリーンの下の方を右から左へ（左から右のこともある）走ると、同時にそのまた下を左から右へ英文が走る。めまぐるしいことこのうえない。

世界中に流通しているとはいっても、どうせ中国人が観るのだから、英文の字幕までは必要なさそうだが、海外の中国人も三世四世になると読み書きがすでに

* 中国製に英語字幕がつくことは絶対にない。

あやしい。またシンガポールのように中国人の勢力が支配的で、ちからが強いところでは、非中国人も中国語映画を観せられてしまうわけだから、ここでも英語字幕がいる。*

〈國片〉以外の映画、つまり外国映画の場合、字幕はどうなるかというと、アメリカ・イギリス映画の場合は中国語だけ。フランス・イタリア映画は、まずたいていは英語吹き替え版がくるので、その場合も中国語だけ。日本映画はふつう英語と中国語の字幕がつくが、まれに広東語吹き替えで英語字幕なしというケースがある。** これはとても困る。

* こういう実際上の理由以外に，香港では英語と広東語がともに公用語だというところから，英語字幕がつくのは言語政策上の原則でもある。ただし，つかないのもあるから強制ではない。

** この場合，劇中の「田中」サンは，自分のことをタナカではなく「てぃん・ちゅん」と名のり，「私，生まれも育ちも（葛飾柴又なら）――こっ・しぃっ・ちゃい・やう――です」とすべて広東語読みにするのがふつう。

新聞の映画広告らん 英字紙と両方買ってきて，対照しながら研究した方がわかりやすい。戯院はかならず中国名と英語名をひとつずつもっている(例・海運→Ocean）ので，両方知っておく必要がある。

外国映画題名・人名解読辞典

外国映画のタイトルは、かならず正確に意味をとって中国語化するならわしなので、原題さえこころえていれば、看板や新聞広告を読解するのは簡単だ。

『超人』“Superman the Movie”「スーパーマン」
『星球大戰』“Star Wars”「スター・ウォーズ」
『第三類接觸』“The Close Encounter of the Third Kind”「未知との遭遇」
『週末狂熱』“Saturday Night Fever”「サタデーナイト・フィーバー」
『油脂』“Grease”「グリース」
『再見女郎』“Good-by Girl”「グッバイ・ガール」
『加州大酒店』“Hotel California”「ホテル・カリフォルニア」

などなど、日本語タイトルがカタカナばかりなのにくらべ、頑固に直訳調。* 看板に〈主角〉となっているのが、日本語の「主演」。「主演女優」は〈女主角〉で、「主演男優」は〈男主角〉。「監督」は〈導演〉といっている。巨匠といわれるほどのひとなら〈大導演〉。

スターは〈明星〉と、そのものずばり。これにも〈男星〉〈女星〉、さらに歌うスターなら〈歌星〉といろいろあり、最近は「脱ぐ」スターが多いので、こういうひとは〈脱星〉ともいう。

人名の読み方を次にあげておく。いろいろな字をあてることができるわけだから、新人の場合、はじめは表記が一定しないが、そのうちひとつになってくる。

* ずっと前「ヘアー」というミュージカルがあったが，あれは『毛髪』。いちばん感心したのは，「白鯨」（原題　モービーディック）で，『無比敵〈もう・びい・てぃっ〉』というのだ。

〈男星〉

阿倫狄龍　アラン・ドロン
保羅紐曼　ポール・ニューマン
羅拔烈福　ロバート・レッドフォード
馬龍白蘭度　マーロン・ブランド
賴恩奥尼路　ライアン・オニール
李察波頓　リチャード・バートン
亨利芳達　ヘンリー・フォンダ
尚保羅貝蒙多　ジャン・P・ベルモンド
彼得奥圖　ピーター・オトゥール
活地阿倫　ウッディー・アレン
史維特史泰龍　シルベスタ・スタロン
尊榮　ジョン・ウェイン
佐治咸美頓　ジョージ・ハミルトン
馬斯杜安尼　M・マストロヤンニ
查理士布朗臣　チャールス・ブロンソン
羅渣摩亞　ロジャー・ムーア
泰利沙華拉　テリー・サバラス*
奥馬沙利夫　オマー・シャリフ
史提夫麥昆　スティーブ・マックィーン
甸馬田　ディーン・マーチン
尊特華達　ジョン・トラボルタ

〈女星〉

蘇菲亞羅蘭　ソフィア・ローレン
伊麗莎白泰勒　エリザベス・テーラー
珍芳達　ジェーン・フォンダ
甘蒂絲褒瑾　キャンディス・バーゲン
蒙妮嘉維蒂　モニカ・ヴィッティー
法拉花茜　ファラ・フォーセット
麗莎明妮莉　ライザ・ミネリ
珍摩露　ジャンヌ・モロー
碧姫芭鐸　ブリジット・バルドー
奥莉花荷茜　オリビア・ハッセー
菲丹娜薫　フェイ・ダナウェイ
嘉芙蓮丹露　カトリーヌ・ドヌーブ
奥莉花紐頓莊　O・ニュートンジョン
戴安凱頓　ダイアン・キートン

〈導演〉

羅渣華汀　ロジェ・バディム
英瑪褒曼　イングマール・ベルイマン
法蘭西斯卡普拉　フランシス・コッポラ
伊力卡山　エリア・カザン
薩耶哲雷　ショトジット・ライ

* 「刑事コジャック」のタイトルは，なんと『光頭神探』(！)。

B　入場

キップ売場の窓口はひとつではない。まず前売券と当日券がわかれていて、

售預　ADVANCE BOOKING

と表示がある方が「前売」。慣れないとまごつきやすい。さらに〈售預〉でない窓口は、ふつう三つぐらいある。それぞれ等級が表示してあって、馬券売場の方式。つまり、ひとつの窓口では一種類のキップしか売らない。

前座　FRONT STALLS

後座　BACK STALLS

超等　DRESS CIRCLE

料金は前座が五・五元、後座が七元、超等が九元と、どこでも決っている。例外的にこれより高い場合があってもせいぜい一、二割が限度。日本のように客の足元をみてロードショー料金をとるようなことはないので、気分がいい。製作費数十億円のアメリカ製超大作の封切も、三日で撮った香港製アクションの新作も、同じ料金、同じ土俵で競争をすることになる。*

座席の割りふりは〈前〉〈後〉〈超〉がそれぞれ一五%・七〇%・一五%ほどになっている。スクリーンに近い一角が前座、超等は二階席のことだが、べつにシートが上等なわけでもなんでもない。そのくせ料金だけは前座の倍だから、前、後座が満席のときでも超等はガラガラ。そんな金を払うくらいなら、たい

* なお，「子供料金」や「学生割引」の窓口をさがしてもムダ。香港ではそんな甘ったれたキップは売っていない。

ていのひとは次の回を待つ方を選ぶ。

超等はもっぱらアベック用か、さもなければどうしてもこの回しか時間がないが、どうしても観たい、カネに糸目はつけないから（！）、というさしせまったひとのために確保してある特別席で、そういう機能からいえばまああった方が便利にはちがいない。

したがって、ふつうのひとがふつうに映画を観るときは、後座で観る。それでもまだ高いというひとには前座という手があるが、小さい戯院では首が痛くなるし、大きなところでは視野が広大すぎて斜視になるおそれがある。

ところが前座は、けっこういつでも満席になっている。顔ぶれは近所の子供や、家にいてもツライ視線を浴びるばかりの失業者とか、夏場ならば冷房にあたりにくるヒマつぶし組などだが、この連中はかしこい。

場内が暗くなって、五分、十分。だいたい本篇のタイトルが出る十五分目くらいがいい頃なのだが、まず最初のひとりが突然勢いよく立ちあがる。そのバタンと座席をはねあげる音がいわば一斉蜂起の合図になって、あとはどっとわれ先に後座へ、後座へ。やがてふたたび場内が静かになると、こんどは前座の方がきれいに空っぽになっているのだ。

もたせ切り

キップを買うのに、いっさいムダ口をきく必要はない。ガラスの向うでキップ売りの娘が、座席図をひろげて待ちかまえているから、窓口から手を突っこんで料金をチャリンと座席図の上になげだす。そうしたら、その手をいったん手前へ引きつけるようにもってきて、返す動作でスパッと欲しい座席を一度で指さす。決してモタモタしてはいけない。するとテキは電光石火、指さした座席に青鉛筆で×印を入れ、その座席番号をキップの表面にもなぐり書きして、釣り銭があればそれといっしょに、ポイとこちらにうっちゃってよこす。

一般的にはたて軸、つまり座席のまえ・うしろの関係がＡＢＣで表わされ、よこ軸が１２３の数字で表わされる。しかし、キップになん番と書いてくれたのか、シロウトにはぜんぜん読めないから、自分で席をさがそうなどという料簡は捨て、案内してもらった方がいい。

あとは入口でモギリのおっさんにキップをモギってもらうだけだが、このモギられ方にちょっとしたコツというものがある。日本とちがって香港ではかならず横着な「持たせ切り」なので、ミシン線の手前をしっかり保持して、こちらもエイとひっぱってやるぐらいの気持が必要。さもないと、テキはおそろしく乱暴に引きちぎろうとするから、その拍子にキップをもってゆかれてしまうことになる。これはカッコ悪い。うしろに立って待ってる連中に、イモだと思われてしまう。

あとがき

まえがきでいいそびれてしまったが、ひとつ告白しておくことがある。

あたかも広東語の達人のようなそぶりで、全篇あつかましく知ったかぶりで通してしまったのだが、ほんとうはぜんぜんだめ。香港へ行くまで、このことばについて、ほとんどなんの知識も持ちあわせなかった。というと、たとえば北京語なら解せそうにも聞こえるが、むろんこれもだめ。ようするに、中国語にかんしては目に一丁字もないといったありさまだったのだ。

日本語と交換レッスンをしたりして、一年たつうちに煙草ぐらいは買えるようになった。読む方は、毎日ヒマにまかせて、新聞ばかりながめていたので、我流の読み下しではあるけれども、けっこうスラスラいくようになったが、しょせんたかは知れている。

したがって、取材にあたっては、英語と、一部通訳を介して不本意ながら日本語も使わざるをえなかった。そういう致命的な弱点をこの本はもっている。そのことを、はっきりことわっておきたいと思う。

参照した資料・文献は、

『市政局社團服務指南』市政局　一九七八年

『市政局年報一九七七至一九七八年度』市政局　一九七八年

『香港一九七八年』政府印務局　一九七八年

『香港便覧』政府新聞處　一九七七年
『一九七七年皇家香港警察隊年報』警察公共關係科　一九七八年
『香港年鑑第三十一回』華僑日報　一九七八年
盧文編著『香港毒蛇圖解指南』市政局及市政事務署　一九七六年
香港天文台編製『颱風』政府印務局　一九七一年
山泉編著『中國知識叢書・廣東』中華書局　一九七八年
葉林豐著『香港万物誌』香港上海書局　一九七三年
魯言著『香港掌故』廣角鏡出版社　一九七七年
章盛著『香港黑社會活動眞相』天地圖書有限公司　一九七九年
Hong Kong 1977; Hong Kong 1978; Hong Kong 1979: Government Printer, 1977, 1978, 1979.
Peter Harris: Hong Kong; A Study in Bureaucratic Politics: Heinemann Asia, 1978.
Richard Hughes: Hong Kong; Borrowed Place, Borrowed Time: Andrré Deutsch Limited, 1968.
Edward Y. Hsu: Hong Kong; A Tourist Guide: The Chinese University of Hong Kong, 1978.
Evelyn Sebastian & Betty Leung Kit Man: Hong Kong from A to Z: Guilver Books, 1978.
The Peninsula's Golden Jubilee Review: Peninsula Group, 1978.
G.B. Endacott: A History of Hong Kong/Second Edition: Oxford University Press,

1977.
G.B. Endacott: Hong Kong Eclipse: Oxford University Press, 1978.
Frank Leeming: Street Studies in Hong Kong: Oxford University Press, 1977.
G.C. Hamilton: Flag Badges, Seals and Arms of Hong Kong: Government Press, 1963.
可児弘明著『香港の水上居民』岩波新書　一九七〇年
近藤竜夫著『国際都市香港の昼と夜』朝日ソノラマ　一九七六年
菅原幸助著『日本の華僑』朝日新聞社　一九七九年
小泉允雄著『香港』日経新書　一九七一年
姫宮栄一著『香港』中公新書　一九六四年
矢野暢著『南進の系譜』中公新書　一九七五年

　このほか
Sidney Lau: A Practical Cantonese-English Dictionary: Government Printer, 1977.
および『普通話・粤音　中華新字典』中華書局　一九七七年——などの辞典類を参照した。

　助言と便宜を与えてくれた謝満根、杜美玉、銭銘冬、葉秀秀（以上香港旅遊協會）、および、くだらない質問のあいてをしんぼうづよくつとめてくれた友人たち、秦志雄、謝寶蓮、李碧瑶、陳祖貽、胡凱茜——の協力を特記しておきたい。

　それから、陳美齢にも感謝したいと思う。私が生まれてはじめて口をきいた香港人が、このひとだった。数年前、たのまれて彼女をインタビューする機会がなかったら、私の香港への関心は、それ以上具体化しなかったろうと思う。日本ではアグネス・チャンという名で知られている彼女に、いっそこの本を献呈しようかとも考えたが、彼女はたぶん「アタシソナ本イラナイヨ」というだろう。

そしていうまでもなく、ものぐさな私をひっぱりだしてくれたダイヤモンド社の友人、和田昌樹の親切と同社の長井弘勝さんのアイデア、加うるに花田茂明さんの統轄力と萩原光子さんの献身がなかったら、この本はぜったいに日の目を見なかったろう。

一九七九年十二月

山口文憲《さんはう・まんひん》

毎年「紅白」の中継もある。

復刊にあたってのあとがき

この本が出た一九七九年当時、将来これが香港の古き良き時代《グッドオールドデイズ》を伝える一つの記録になるだろうなどとは、むろん思いもしなかった。実感として「返還」の二文字はまだずっと遠くにあった。

しかし月日はまたたく間に流れて、それから十八年後に植民地香港は消滅する。最後の日は一九九七年の六月三十日。この一大イベントを見物しようと、世界中の物好きが、いつもの三倍、五倍にはねあがったホテル代をものともせず香港に殺到した。当日は朝から雨が降ったり止んだり。いよいよ運命のカウントダウンが始まろうという午前0時の直前、私は九龍の中心、彌敦道《ネイザンロード》の歩道の群衆の中にいた。場所は半島酒店《ペニンシュラホテル》のすぐ脇で、手にはなぜかマイクを握っている。ちょうど雑誌の取材で滞在していた私に、生中継をする日本のテレビ局が現地レポート役をたのんできたのである。

忘れられない光景がある。悲鳴と怒号のなかでカウントダウンが終了すると、警備のため歩道沿いに散開していた数十名の制服警官が、号令一下、車道上に整列した（警官の図解は81ページを参照）。なにごとかと見ていると、彼らは一斉に制帽を脱いで帽章を取り替え始める。慣れ親しんだロイヤルクラウンのエムブレムをはずし、ポケットに忍ばせた天安門のそれを新たにつけるのである。

手作業にあたる警官たちは一様に沈鬱な表情をしていて、私の見たところ、うれしそうな顔は一つもなかったのだが……。あれから二十数年。いまや香港民主派の仇敵となり、怨嗟の的となっている警察官たちの姿をニュースで見るたび、あの夜を思いだしてしばし遠い目にならざるをえない。

さて、本書をいま知ったという新しい読者に、ひとこと申し上げておこう。香港のグッドオールドデイズをもっと味わいたいという人は、さかのぼってハリウッド映画の「慕情」（１９５５）と「スージー・ウォンの世界」（1960）から入るのがいい。日本映画なら、「香港の夜」（1961）、「社長洋行記」（1962）、「香港クレージー作戦」（1963）なども必見。また、これら邦画は、一九六四年の海外渡航自由化以前の香港の姿を画面にとどめているという点でも見逃せない。

この本でウオッチングしているのは、右の自由化からおよそ十年という時期の香港である。すでに香港はハワイと並ぶ最も安直な海外旅行先になっていて、日本の旅行者は年間五十万人。当時の「香港四泊五日」の相場は五万円前後だが、自分で負担しない人も多かった。家電メーカーなどによる得意先招待の団体客がそれで、この皆さんはもともと香港に特別の関心があるわけではない。実際に私は、香港に向かう飛行機のなかで「台湾は初めてだから心配でね」というお父さんにでくわしたこともある。もっとも、その隣にいた夫人が「お父さん、香港でしょ」とすぐ訂正してくれたが。

訂正といえば、ここで一つお断りしておく。復刊されたこの本の値打ちはもっぱら内容の古さにあって、実際の役に立たないところにある。だから事実関係の誤りもあえて訂正していない。たとえば「ホット・ドッグを〈熱狗〉と強引に意訳してしまったのは、中国語だけだろう」（15ページ）とあるが、これは著者の無知をさらけだした一例。「スペイン語でもそういいますよ」との読者の指摘にあわて調べてみると、なるほどホットドッグはペロカリエンテ（Perro caliente）で、ペロが「犬」、カリエンテが「熱い」らしい。ほかにもこの手の間違いはあるが、いまとなっては実害もなさそうなので、このままほおかむりすることをお許しいただきたい。

最後になるが、新しい目でこの本に解説をお寄せくださった角田光代さんに心よりの感謝を。そして『香港世界』についで今回も復刊にご尽力いただいた、河出書房新社の渡辺真実子さんにも。

二〇二一年十一月十一日　山口文憲

強く、しぶとく、香港であり続ける町

角田光代

香港がイギリスから中国に返還されたのは一九九七年。二十四年も前のことになる。私がはじめて香港を旅したのは二〇〇六年、その数年後、友人が香港に引っ越したので、彼女を訪ねてほぼ毎年、香港に通い続けていた。だから有名な九龍城も、返還前の香港も知らないのだけれど、香港島の蘭桂坊の欧米的なにぎわいや、思わぬところで香港の老若男女が話す流暢な英語に触れると、かつてイギリス領だった場所の特殊性を実感する。

山口文憲さんの『香港 旅の雑学ノート』に描かれるのは、返還前の香港だ。今は旅することのできない、四十年以上前の香港が広がっている。アクション映画さながら高層ビルの隙間をくぐって啓徳空港に着陸する飛行機を降り、タクシーや路線バスで市街地へ向かい、尋常でないほどの看板に驚きながら、どこかあやしげな雰囲気の漂う道を歩く、そんな旅に誘ってくれる。

とはいえ、この本はガイドブックではない。描かれているのは情報ではなく、香港という町の個性だ。

香港がイギリス領となったのはアヘン戦争後の一八四二年。その約五十年後に、九九年の期間、イギリスに租借されることとなった。一九四一年に日本に統治されるが、太平洋戦争後、ふたたびイギリス領となる。イギリス領となって以後に香港に住み着いたのは、中国本土の戦争や共産党体制から逃れた人たちだという。その歴史はそのまま「香港」という町に映し出され、歴史に時間がどんどん積み重なっていくように、香港も香港らしく繁殖していく。返還を経てなお繁殖をくり返しながら、繁殖の歴史はそのまま層のように現存している。

蘭桂坊のバーで隣り合った欧米人と、短く言葉を交わしたことがあった。香港で暮らして数年になるという彼は、「ここは逃げてきた者たちの町」と断言していた。香港を作ったのがさまざまな理由で逃げてきた人たちなら、今なお香港を作り上げているのも逃げてきた人たちだと言う彼も、きっと母国（たしかイギリスだった）の何かから逃

げて、香港にたどり着いたのだろう。それを聞いていて思った。「逃げる」という言葉は、香港では、否定的、悲観的な意味合いで使われていない。圧迫や抑圧から、窮屈な何かから、自由と解放をさがし求めてやってくる、というのが、香港における「逃げる」のただしい意味なのではないか。もしかして、著者の山口さんも、日本的な何かから逃れて、返還前の香港にやってきて、ずぶずぶと深く入りこんでいったのかもしれない。

「香港での正しい時間のつぶし方というものは、結局あのきちがいじみた表通りと、あのとてつもなく猥雑な裏通りを、ただフラフラと歩きまわることしかないと思う」と、この本の冒頭にある。ああもう本当に、これがこの町の強烈な個性なのだとうれしくなってしまう。香港は、たとえばアメリカとかオーストラリアのように縦断するほどの大きさはないし、海も山もあるとはいえ、タイやイタリアのように電車やバスを乗り継いでまわるべき景勝地があるわけでもない。中心地にトルコやモロッコみたいな巨大バザールがあるわけでもない。でも、とくに「なにもない」町なかをただ歩いているだけで、ほかの町にはない魅力と興奮がある。

たとえばこの本が紹介する、空間を埋め尽くす看板、竹で編んだ足場や道路標示。イギリスとは微妙に異なる二階建てバスや、老若男女のファッションのユニークさなども、町歩きでしか味わえない醍醐味だ。びっくりしたのが、本書に紹介される、男性に人気の三種の髪型。この人気は今に至るまでえんえんと続いていると思うのだけれど、この指摘は、地味ながらなかなかに意義深い。

いや、髪型ばかりでなく、ここでとりあげられる香港的見物は、今なお健在だ。超高層ビルに組まれた竹の足場は何度見ても冷や汗がにじむし、過剰な数の看板は、なぜか見ているだけで興奮してくる。香港にいくたび、通い詰めている屋台のお粥屋さんがあるのだが、この店先でお粥を食べていると、ベンツが乗りつけるのをよく目にする。運転手が開けたドアから降りてくるのは、まさにパジャマやジャージ姿の老紳士や老婦人で、お粥をいくつもテイクアウトして颯爽とベンツで去っていく。お金持ちなのにパジャマ。いや、お金持ちだからこそ堂々のパジャマなのか。

残念ながら、もう見ることのできないものも本書には登場する。人力車も、町なかの代筆屋さんも見たことがない。この町のダークサイド、マフィアたちの黒社會やラブホテル事情などについては、私がまったく知らないだけで、それぞれの方法で繁殖し続けて、今もきっと町に根づいているのに違いない。

　本書の紹介する香港では見られなかった、ここ十年ほどの香港名物に、「日曜日のお手伝いさんたち」がある。日曜日となると、香港の、公園、広場、デパートとデパートの合間、歩道、隙間のあるところがびっしりと人で埋め尽くされる。何人かのグループごとに敷物を敷いたりテントをはったり段ボール箱で囲いを作ったりして、みんなでごはんを食べたりカードゲームをしたり寝たりしゃべったりしている。はじめて見たときは、何かのデモかと思ったが、そうではなくて、彼ら彼女たちはみな、外国から出稼ぎにきている住み込みのお手伝いさんたちらしい。日曜日は休日なのに、家にいると用事を言いつけられてしまうから、外に出て、同郷の人たち同士で一日過ごすのだという。ともかくものすごい数の人が町じゅうにあふれ、これはこれでまた、香港にくわわったあらたな文化であり、経済的背景であり、あたらしくも香港的な光景だと思う。

　香港が香港的であることのなかに、地区によってものすごく表情が違う、というものがある。旺角のカオティックな雑多さ、蘭桂坊の欧米的ナイトクラブ感、石段と坂が特徴的なソーホー、上環の乾物ストリート、神さまスポット黄大仙廟、風格ある超高級ホテル……、どれほど違おうとも、しかしすべてひとつに溶け合っている。近未来的な超高層ビル、スカイ100を背景にした細い路地裏に、えんえんとテーブルの上で蛙をさばいている職人がいたりする。その差異、その新旧が奇妙なほど自然に溶け合っているのも、香港の特異さだろう。それぞれの異なる特徴がどのようにこの地に持ちこまれ、どのように育まれ、どのように変化していったのか、本書を読んでいるとぼんやりとわかってくる。

　私が感動したのはペニンシュラホテルの「身の上話」である。このホテルが体験してきた歴史を思うと、そこに何か独特のはなやかさを持った栄枯盛衰が感じられ、かといって衰えきらずに生き延びているしぶとさも同時に感じられて、それこそが香港そのものの魅力だと思い知らされる。どの国の領地とされても、どの国の文化慣習を受け入れても、香港的な香港はけっして失われないし変色しない、その強さ。

　私が香港をくり返し訪れるのは、友だちがいるからでもあるけれど、それ以上にやっぱり、繁殖しながら、過去を失わず、あたらしきを排除せず、カオスをどんどん受け入れながら、それを個性にしてしまう香港の、哀愁を帯びたしぶとさと強さに惹かれているからだと思う。たった数日の旅ではあるけれど、そのしぶとさ強さのなかに逃げることで、私も力を得ているのかもしれない。

　二〇一九年、香港では返還後では最大級とされる民主化デモが起きた。二〇二〇年には中国からの圧力が強まり、六月末には、中国全人代は国家安全維持法案を強行可決した。ニュースで聞こえてくる香港は、びっくりするほど弾圧されているように思える。本書に描かれる香港が、かつて予想だにしなかっただろう香港が、今を生きている。

　パンデミックのために、私ももう二年も香港にいっていない。デモと逮捕がくり返されたこの二年を経て、香港がどんなふうであるのかを見ていない。二〇二一年には香港マラソンが復活したが、「香港加油」と書かれたTシャツを着た出場者は、警察によって着替えを強要されたり出場を取り消されたというニュースを、私は驚いて読んだ。そんな折りに本書を読んで、勇気づけられた思いがした。香港は香港として存在したときから、さまざまな歴史に翻弄されながら苦難を乗り越え、その都度、香港度をパワーアップしながら香港で在り続けている、という事実に気づかされて、頼もしく思えてきたのである。たとえばこんな一節。

　香港人は人生の楽しみ方を知っている。
　わが身ひとつ。わが身ひとつの〈享受《はんさう》〉――エンジョイメント。
　それだけが、およそこの世でたしかに手にすることができるもののすべてだ。

　こんな一節に、とても励まされたのである。香港を愛する者のひとりとして。

（作家）

本書は一九七九年十二月、ダイヤモンド社より刊行された単行本をそのままの形で復刊したものです。その後新潮社より文庫化された際には、ここに加筆訂正が加えられました。
復刊に際し、巻末に著者あとがき、角田光代氏によるエッセイを新たに加えました。

山口文憲（やまぐち・ふみのり）
一九四七年、浜松市生まれ。二十歳過ぎからライターに。日本を出てまずパリ、ついで返還以前の香港に滞在する。一九七九年に出した本書で、知られざる香港の姿をウイットに富む文章と写真、図解で紹介。新たな異文化ルポルタージュとして話題になり、多くの若者を旅へと誘う。以後、ノンフィクション作家、エッセイストとして活躍している。著書に『香港世界』、『東京的日乗』（関川夏央と共著）、『日本ばちかん巡り』、『団塊ひとりぼっち』、『若干ちょっと、気になるニホン語』など。

香港 旅の雑学ノート

二〇二一年一二月二〇日 初版印刷
二〇二一年一二月三〇日 初版発行

著　　者 山口文憲
カバー装幀 著者自装
カバー写真 植民地初期の中国人警官 Photo by R.H.P.F.
復刊デザイン 大倉真一郎
発 行 者 小野寺優
発 行 所 株式会社河出書房新社
〒一五一-〇〇五一
東京都渋谷区千駄ヶ谷二-三二-二
電　　話 〇三-三四〇四-一二〇一（営業）
〇三-三四〇四-八六一一（編集）
https://www.kawade.co.jp/
印刷・製本 株式会社暁印刷

Printed in Japan ISBN978-4-309-03018-0